DOMINANDO A TÉCNICA DOS MAPAS MENTAIS

TONY BUZAN

DOMINANDO A TÉCNICA DOS MAPAS MENTAIS

O Guia Completo de Aprendizado e Uso da Mais Poderosa Ferramenta de Desenvolvimento da Mente Humana

Tradução
Marcelo Brandão Cipolla

Editora Cultrix
SÃO PAULO

Título do original: *Mind Map Mastery*

Copyright © 2018 Tony Buzan.

Copyright da edição brasileira © 2019 Editora Pensamento-Cultrix Ltda.

1ª edição 2019. / 4ª reimpressão 2023.

Design e tipografia copyright © 2018 Watkins Media Ltd.

Ilustrações das páginas 29, 30, 32, 49, 77, 78, 81, 83, 86, 90, 95, 101, 109, 115, 149, 171, 183 e 185 copyright © 2018 Watkins Media Ltd.

Copyright de outras ilustrações e fotografias ver a página 223 que é uma extensão desse copyright.

Publicado originalmente no Reino Unido e Irlanda em 2012 e 2016 por Watkins, um selo da Watkins Media Ltd – www.watkinspublishing.com.

Editor: Adilson Silva Ramachandra
Gerente editorial: Roseli de S. Ferraz
Produção editorial: Indiara Faria Kayo
Editoração eletrônica: Join Bureau
Revisão: Bárbara Parente

Dados Internacionais de Catalogação na Publicação (CIP)
(Câmara Brasileira do Livro, SP, Brasil)

Buzan, Tony, 1942-2019
   Dominando a técnica dos mapas mentais: guia completo de aprendizado e o uso da mais poderosa ferramenta de desenvolvimento da mente humana / Tony Buzan; tradução Marcelo Brandão Cipolla. – São Paulo: Cultrix, 2019.

   Título original: Mind map mastery
   ISBN 978-85-316-1525-2

   1. Cérebro 2. Desenvolvimento pessoal 3. Desenvolvimento profissional 4. Intelecto 5. Mapas cognitivos (Psicologia) 6. Memória 7. Mnemônica 8. Pensamento criativo I. Título.

19-28218   CDD-153.4

Índices para catálogo sistemático:
1. Mapas mentais : Mente humana: Desenvolvimento: Psicologia 153.4
Maria Paula C. Riyuzo – Bibliotecária – CRB-8/7639

Direitos de tradução para o Brasil adquiridos com exclusividade pela EDITORA PENSAMENTO-CULTRIX LTDA., que se reserva a propriedade literária desta tradução.
Rua Dr. Mário Vicente, 368 — 04270-000 — São Paulo, SP
Fone: (11) 2066-9000
http://www.editoracultrix.com.br
E-mail: atendimento@editoracultrix.com.br
Foi feito o depósito legal.

Sumário

Prólogo

Venho usando Mapas Mentais há muitos anos. Hoje, viajo o mundo ensinando profissionais dos negócios, figuras públicas e plateias inteiras a melhorar a memória e a capacidade cognitiva na vida pessoal e profissional. No entanto, fui diagnosticado com dislexia quando criança e creio que tive problemas – e ainda os tenho até certo ponto – de atenção. Descobri que os Mapas Mentais são um grande auxílio para nos livrar da distração do Transtorno de Déficit de Atenção. Resumindo, eles me ajudam a ficar na linha.

Os Mapas Mentais são ferramentas poderosas para nos concentrarmos e para processar informações, formular planos de ação e iniciar novos projetos. Na verdade, o Mapeamento Mental nos dá uma ajuda e uma orientação incríveis em todos os aspectos da vida – não poderia recomendá-lo o suficiente!

Além de dar ao leitor um meio para transformar sua vida, o novo livro de Tony, *Dominando a Técnica dos Mapas Mentais*, o acolherá numa vigorosa comunidade global. Os relatos e exemplos mostram como o Mapeamento Mental é um fenômeno mundial, praticado por todo tipo de gente. O que essas pessoas têm em comum é a paixão pelos benefícios dessa ferramenta de pensamento e a vontade de compartilhá-la com os outros.

Continuo imensamente grato a Tony por inventar os Mapas Mentais e recomendo este novo livro a qualquer um que queira aprimorar seu pensamento e alcançar o domínio do Mapeamento Mental.

Dominic O'Brien,
oito vezes campeão mundial de memória e autor de *best-sellers*

Prefácio

"Estou em busca de livros sobre como usar o cérebro."

"Procure ali," disse a bibliotecária, apontando uma estante de livros, "na seção médica."

"Não", respondi. "Já olhei estes livros e não tenho interesse em operar o meu cérebro; só quero aprender a usá-lo."

A bibliotecária me lançou um olhar inexpressivo. "Acho que não temos nenhum livro sobre esse assunto", disse ela. "Só esses livros."

Fui embora frustrado e surpreso. No segundo ano na universidade, eu estava buscando novas maneiras de lidar com uma carga maior de trabalho acadêmico, pois os meus métodos de estudo simplesmente já não davam os resultados que eu buscava. Na verdade, quanto mais anotações eu fazia, pior me saía. Por mais que ainda não houvesse constatado a limitação do pensamento linear, naquele dia percebi que o meu suposto problema na verdade era uma oportunidade incrível. Se não havia livros sobre como usar o cérebro, então aquela era uma área com um potencial extraordinário para pesquisa.

Nos anos seguintes, estudei psicologia e as ciências gerais, neurofisiologia, neurolinguística e semântica, teoria da informação, técnicas mnemônicas, a percepção e o pensamento criativo. Vim a compreender o jeito como o cérebro humano funciona e as condições que lhe permitem operar da melhor forma possível.

Ironicamente, a minha pesquisa também destacou as falhas dos meus próprios métodos de estudo, à medida que ia percebendo aos poucos que minhas anotações feitas em aula eram baseadas em palavras, monótonas e enfadonhas; tudo o que seu formato linear me proporcionava era uma maneira incrivelmente eficiente de treinar a minha estupidez! A prática leva à perfeição: se você pratica com perfeição, a sua prática o torna perfeito. No entanto, se você pratica mal, a prática o torna perfeitamente medíocre. Fazendo anotações cada vez mais lineares e monótonas, eu me tornava cada vez mais perfeitamente estúpido! Precisava mudar com urgência tanto o meu pensamento quanto as minhas ações.

Estudando a estrutura do cérebro, encontrei o avanço que estava procurando. O fato de possuirmos 100 bilhões de células cerebrais, cada uma das quais contribui para o nosso pensamento, me inspirou. Achei fascinante o fato de cada um destes neurônios ter tentáculos que se irradiam do centro da célula como os galhos de uma árvore, e percebi que podia usar esse modelo de maneira esquemática para criar a ferramenta de pensamento definitivo.

Essa descoberta acabou dando uma grande contribuição ao desenvolvimento do Pensamento Radiante (ver p. 33) que, por sua vez, contribuiu para a criação do Mapa Mental.

Simplificando ao máximo, um Mapa Mental é um diagrama intricado que imita a estrutura de um neurônio, com ramificações que saem do centro e evoluem por meio de padrões de associação. Contudo, desde a sua origem em meados da década de 1960, o Mapa Mental demonstrou ser muito mais do que um método excelente de tomar notas: é uma maneira eficiente e profundamente inspiradora de alimentar a nossa mente, intelecto e espírito. Desenvolveu-se exponencialmente e, como veremos neste livro, pode ser aplicado às mais diversas finalidades – desde alimentar a criatividade e fortalecer a memória até ajudar na luta contra a demência.

No decorrer dos anos, o Mapa Mental foi mal compreendido por alguns e mal representado por outros. Ainda assim persiste a minha visão de um mundo em que toda criança e todo adulto entenda o que é um

Mapa Mental, como ele funciona e como pode ser aplicado a todos os aspectos da vida.

O objetivo deste livro é mostrar como um bom Mapa Mental pode nutrir você como indivíduo e como a técnica do Mapa Mental continua crescendo, se expandindo e evoluindo para enfrentar os novos desafios que se apresentam a todos nós neste planeta.

E agora, enquanto avançamos no século XXI, o Mapa Mental pode ser acessado e utilizado de novas maneiras que refletem nossas florescentes possibilidades técnicas. Os Mapas Mentais ainda podem ser feitos à mão, é claro, mas também podem ser gerados em programas de computador, estão disponíveis *on-line*, foram desenhados na neve do ártico, enfeitaram encostas de montanhas e podem até mesmo ser desenhados por drones no céu.

Venha comigo nesta grande aventura e prepare-se para irradiar o seu poder mental para além de tudo o que você já viveu!

TONY BUZAN

Introdução

Por Que este Livro é Necessário

O Mapa Mental é uma ferramenta mental revolucionária cujo domínio transformará sua vida. Ajudará você a processar informações, ter novas ideias, fortalecer a memória, aproveitar da melhor maneira possível seu tempo livre e aperfeiçoar seu método de trabalho.

De início, eu concebia o Mapa Mental como uma forma inovadora de tomar notas que podia ser utilizada em qualquer situação em que fosse preciso tomar notas lineares, ou seja, ao assistir à aula, falar ao telefone, numa reunião de negócios e nas atividades de pesquisa e estudo. No entanto, logo ficou claro que o Mapa Mental também pode ser usado para atividades pioneiras de *design* e planejamento; para proporcionar uma visão geral incisiva de um certo assunto; para inspirar novos projetos; para descobrir soluções e deixar para trás as formas improdutivas de pensamento, entre muitas outras coisas. Neste livro, você encontrará inúmeras aplicações incríveis do Mapa Mental, que pode até ser usado como um exercício independente com o objetivo de pôr o cérebro para trabalhar e intensificar sua capacidade de pensar criativamente.

Em *Dominando a Técnica dos Mapas Mentais*, você vai descobrir como o ato de elaborar um Mapa Mental pode ajudar você a acessar suas múltiplas inteligências e realizar seu verdadeiro potencial. Os exercícios práticos contidos neste livro foram concebidos para que você adquira prática nessa modalidade expansiva de pensamento. Você também conhecerá as histórias verdadeiras de outras pessoas – entre elas, mestres do mapeamento mental e especialistas e pioneiros em diversos campos de atividade, famosos no mundo inteiro – cujas vidas foram radicalmente transformadas pelo Mapa Mental.

Seu cérebro é um gigante adormecido. *Dominando a Técnica dos Mapas Mentais* chegou para ajudá-lo a acordar!

Um novo modo de pensar

Quando apresentei o Mapa Mental ao mundo, na década de 1960, eu não fazia ideia do que viria pela frente. Nos estágios preliminares de minhas pesquisas sobre o pensamento humano, usei um protótipo do Mapa Mental para melhorar meus estudos. Tratava-se de uma forma de tomar notas em que eu associava palavras e cores. O sistema evoluiu quando comecei a sublinhar as palavras-chave em minhas anotações e percebi que elas constituíam menos de 10% de tudo o que eu escrevia. Não obstante, essas palavras-chave continham um grande número de conceitos fundamentais. Meu estudo dos gregos da Antiguidade havia me dado a convicção de que eu precisava encontrar um jeito simples de formar conexões entre essas palavras-chave, a fim de que elas pudessem ser memorizadas com facilidade.

Os antigos gregos desenvolveram alguns sistemas mnemônicos bastante elaborados que lhes permitiam lembrar com perfeição de centenas ou mesmo milhares de fatos. Esses sistemas baseavam-se no poder da imaginação e da associação para estabelecer conexões entre informações diversas. Uma das técnicas inventadas pelos gregos para melhorar a memória era o método de *loci* ou locais, também chamado Viagem da Memória, Palácio da Memória ou Técnica do Palácio da Memória (ver o quadro *à direita*).

Encontrei por acaso o método de *loci* durante minhas pesquisas sobre os processos de pensamento do ser humano, mas sem querer eu já havia tomado contato com outro método mnemônico nos primeiríssimos minutos do meu primeiro dia na universidade. Tratava-se do Método Maior – um método fonético desenvolvido pelo escritor e historiador alemão Johann Just Winckelmann (1620-1699). Na primeira

Como construir um Palácio de Memória

Segundo o orador romano Cícero (106-43 a.C.), a técnica espacial de memorização conhecida como método de *loci* (palavra latina que significa "locais") foi descoberta por um grego chamado Simônides de Ceos (*c.* 556-*c.* 468 a.C.), que era poeta lírico e *sophos* (sábio).

No diálogo *De Oratore*, Cícero conta que Simônides foi a um banquete para recitar um poema em homenagem ao anfitrião. Logo depois de recitá-lo, foi chamado por alguém que estava fora da casa; assim que saiu, o teto desabou repentinamente, esmagando os demais convidados. Alguns corpos encontravam-se tão deformados que não podiam ser reconhecidos. Isso era motivo de grande preocupação, pois os mortos precisavam ser identificados a fim de receber os ritos funerários adequados. Simônides, no entanto, foi capaz de identificar os mortos valendo-se de sua memória visual de onde cada um dos convidados estava sentado ao redor da mesa.

A partir dessa experiência, Simônides percebeu que qualquer pessoa poderia melhorar a memória, imaginando locais e formando imagens mentais das coisas que quisesse lembrar. Se as imagens fossem armazenadas nos locais visualizados numa determinada ordem, seria possível lembrar qualquer coisa pelo poder da associação. O método resultante, chamado método de *loci*, foi descrito em diversos tratados de retórica da Grécia e da Roma antigas, e é mais conhecido hoje pelo nome de Palácio da Memória.

aula daquele semestre, um professor sardônico – um baixinho forte, com tufos de cabelo vermelho brotando da cabeça – entrou na sala de aula e, de mãos nas costas, começou a recitar com perfeição a lista de chamada da classe. Se alguém estivesse ausente, ele dizia o nome do aluno, o nome de seus pais e sua data de nascimento, telefone e endereço. Quando terminou, olhou para nós de sobrancelhas levantadas e um leve sorriso de superioridade. Ele desprezava os alunos, mas era um professor maravilhoso – e me conquistou naquele momento.

Depois daquela primeira aula, quando lhe perguntei como ele fora capaz de tamanha façanha de memória, ele se recusou a me dizer e respondeu simplesmente: "Meu filho, sou um gênio". Persisti durante três meses até que um dia ele decidiu nos contar seu segredo e nos ensinou o Sistema Maior. Essa técnica mnemônica usa um código simples que converte números em sons fonéticos. Os sons podem então ser convertidos em palavras – e as palavras, transformadas em imagens com que decorar um Palácio da Memória.

Meu novo método de anotações baseou-se em meu entendimento cada vez maior dos sistemas mnemônicos e simplificou radicalmente a prática dos gregos antigos, usando as cores para criar ligações entre conceitos inter-relacionados. Embora esse método ainda não fosse, na época, um Mapa Mental propriamente dito, já era muitíssimo mais eficaz que o sistema linear de tomar notas, o qual, em comparação, era monocromático e monótono – e dava resultados correspondentes a essa monotonia. Se você toma notas usando apenas tinta preta ou azul, o efeito da tinta sobre o papel é naturalmente tedioso, o que significa que seu cérebro vai deixar de prestar atenção e, depois, vai se desligar e acabar indo dormir. Isso explica por que a "doença do sono" é uma epidemia em salas de estudo, bibliotecas e reuniões.

Satisfeito com o sucesso do meu novo método, comecei, ainda como mero passatempo, a dar aulas a outros alunos e a ensinar-lhes minha técnica. Muitos desses alunos haviam sido rotulados como fracassados

O famoso "Diagrama de Buzan"

Jezz More estava encontrando muitas dificuldades na faculdade quando foi a uma aula sobre um novo método de aprendizado chamado "Diagrama de Buzan". O professor lhe ensinou a escrever um tópico no centro da página e preencher toda a área ao redor com "palavras-chave" e "auxílios de memória" ligados por linhas, o que eliminava a necessidade de memorizar listas elaboradas. Jezz se surpreendeu com a simplicidade e a eficácia desse método. Antes aluno-problema na universidade, acabou se formando em economia e política, fez pós-graduação e conquistou um MBA em finanças empresariais.

Alguns anos depois, foi a um jantar num clube de remo. A conversa se voltou para os assuntos de aprendizado e educação, e Jezz – movido por sua paixão pela técnica que transformara seus estudos, e também por uma ou duas taças de vinho – começou a falar com toda autoridade para o convidado a seu lado que "é fácil ser inteligente". Pedindo que o convidado o interrompesse caso ele estivesse indo rápido demais, ele explicou como a técnica funcionava e, solícito, rabiscou um diagrama num guardanapo de papel: "Aí está... o Diagrama de Buzan". Houve uma pequena pausa, quando então o convidado falou: "Você ainda não percebeu que eu sou Tony Buzan?".

Fiquei muito contente de saber em primeira mão que meus métodos de anotação haviam ajudado a mudar a vida de Jezz, e de lá para cá ele e eu nos tornamos melhores amigos. Nos anos subsequentes, usei técnicas de Mapeamento Mental para ajudar Jezz a preparar atletas que ganharam medalhas olímpicas remando pelo Reino Unido.

no meio acadêmico, e foi muito gratificante vê-los começar a obter notas mais altas e se dar melhor que seus colegas (ver o quadro na página anterior).

Os próximos passos

No estágio subsequente do processo de desenvolvimento do Mapa Mental, comecei a pensar de modo mais detalhado na hierarquia que governa nossos padrões de pensamento e percebi que existem

ideias chaves ➡ ideias chaves chave ➡ ideias chaves chave chaves

Foi assim que descobri o poder do Pensamento Radiante, que explicarei de modo mais detalhado no Capítulo 1 (ver p. 33). À medida que meu entendimento aumentava, fui aos poucos construindo a arquitetura do Mapa Mental, usando setas, códigos e linhas curvas como conexões. Um encontro decisivo com a paisagista australiana Lorraine Gill me ajudou a formular as etapas seguintes, pois ela me desafiou a reavaliar o papel das figuras e das cores dentro da estrutura do Mapa Mental. As ideias dela inspiraram o modo pelo qual usamos imagens nos Mapas Mentais hoje em dia.

Quando comparei minhas técnicas, ainda em evolução, com as anotações feitas por personagens históricas como os artistas renascentistas Leonardo da Vinci (1452-1519) e Michelangelo (1475-1564) e cientistas como Madame Curie (1867-1934) e Albert Einstein (1879-1955), encontrei interessantes paralelos entre o modo pelo qual eles usavam imagens, códigos e linhas interconectadas: suas palavras e diagramas se expandem em todas as direções da página, livres para vagar por qualquer direção que seus pensamentos possam tomar, em vez de permanecer presos a uma linha reta horizontal. (Ver também "Uma Breve História do Pensamento por Trás dos Mapas Mentais", p. 42). No entanto, as experiências concretas de meus alunos, clientes e colegas, em número cada vez maior, davam a entender que as técnicas que eu então desenvolvia eram tão acessíveis que poderiam ajudar pessoas de todo tipo: para se beneficiar delas, não era preciso ser um gênio de primeira classe que fizesse descobertas pioneiras.

O Mapa Mental é analítico na medida em que pode ser usado para resolver qualquer problema. Por meio da lógica de associação, o Mapa Mental vai logo ao coração de qualquer assunto. Além disso, permite que você contemple o panorama maior. É microcósmico por um lado e macrocósmico por outro.

Sempre natural

No Prefácio, contei que, no decurso de minhas pesquisas, me encantei pela própria forma da célula cerebral: as anotações postas num diagrama muitas vezes pareciam reproduzir, ainda que sem querer, a estrutura orgânica de um neurônio, com ramificações interconectadas nascendo de um núcleo.

Enquanto pensava nisso, eu saía para fazer longos passeios a pé em meio à natureza, onde meus pensamentos e minha imaginação ficavam mais livres para divagar. Veio-me a ideia de que nós, seres humanos, fazemos parte da natureza; logo, nosso modo de pensar e de tomar notas deve também refletir a natureza de algum modo: nós refletimos a natureza em todo o nosso modo de funcionamento como seres humanos, especialmente no ato de colocar para fora do cérebro aquilo que se encontra dentro dele.

Aos poucos, transformei minhas técnicas numa ferramenta mental que pode ser aplicada a toda uma gama de atividades humanas cotidianas e que espelha a criatividade e o brilho dos nossos processos de pensamento. O resultado foi o primeiro Mapa Mental propriamente dito.

Anotações convencionais vs. Mapeamento Mental

O quadro a seguir mostra as características fundamentais das anotações lineares e confronta-as com as do Mapeamento Mental.

Anotações convencionais	Mapeamento mental
Lineares	Multifacetado
Monocromáticas	Colorido
Baseadas em palavras	Palavras e imagens
Lógica das listas	Lógica das associações
Sequenciais	Multidimensional
Restritivas	Imaginativo
Desorganizadas	Analítico

Para ir em frente

Hoje, no mundo inteiro há gente familiarizada com o conceito de Mapeamento Mental. Além das conferências de Mapeamento Mental, campeonatos mundiais de Mapeamento Mental foram realizados no Reino Unido, em Cingapura, na China e em muitos outros países. Várias disciplinas são testadas durante esses campeonatos. Pede-se aos competidores, por exemplo, que criem Mapas Mentais ao ouvir uma aula sobre um tema com que não estão familiarizados ou sobre um texto dado. Os resultados são então avaliados segundo 20 critérios diferentes, como o impacto das imagens, o uso do humor (por meio de jogos de palavras, por exemplo), o caráter atraente ou não do Mapa Mental, sua originalidade, e o fato de ele seguir ou não os princípios fundamentais do Mapeamento Mental.

Como a disseminação do Mapa Mental e a resultante melhora na educação mental global, seria de se esperar que o Mapa Mental já fosse amplamente reconhecido – que seu lugar estivesse protegido e seguro e não houvesse muito mais o que falar a respeito do assunto. Infelizmente, isso não acontece.

Embora seja verdade que meu sonho original de que todo homem, mulher e criança descubra os benefícios do Mapeamento Mental tenha se realizado em alguns casos particulares e maravilhosos, também ocorreram alguns problemas. Em décadas recentes, o Mapa Mental às vezes foi mal compreendido e foi objeto de apropriação indevida por pessoas que se apresentam como professores formados na arte do Mapeamento Mental, mas cuja compreensão do processo é, na verdade, fundamentalmente falha, e cuja prática não segue, portanto, as leis fundamentais do Mapeamento Mental que você encontrará no Capítulo 2 (ver p. 60). Sempre que o Mapeamento Mental é mal ensinado, vejo nisso um risco de que o próprio poder e a pureza do próprio sistema venham a ser comprometidos.

Felizmente, no entanto, o Mapa Mental é uma entidade robusta. É, afinal de contas, uma forma evolucionária de pensamento, perfeitamente adaptada às necessidades de nossa era digital – e das demais eras que vêm pela frente.

Como usar este livro

Dominando o Mapa Mental mostrará a você como usar essa poderosa ferramenta em sua própria vida, aconteça o que acontecer. Este livro é estruturado de tal modo que você pode lê-lo do começo ao fim e também abri-lo ao acaso, usando-o como fonte contínua de referência:

Capítulo 1: O Que é um Mapa Mental? apresentará a você os princípios fundamentais por trás do Mapa Mental, evidenciando seus ingredientes essenciais e explicando por que o Mapeamento Mental funciona. Este capítulo também esboça uma breve história do Mapa Mental, desde o início da civilização até os dias atuais.

Capítulo 2: Como Mapear a Mente oferece exercícios práticos, dicas úteis e métodos de treinamento para que você aprenda a usar o Mapeamento Mental de modo eficaz. Expõe as Leis do Mapeamento Mental e examina as aplicações práticas do Mapa Mental na vida cotidiana – no lar, no trabalho, na escola e para a criatividade, o bem-estar e a memória.

Capítulo 3: O Que Não é um Mapa Mental? esclarece algumas concepções errôneas comuns acerca de o que o Mapa Mental é e não é, e procura eliminar qualquer confusão relacionada a essa ferramenta incrível.

Capítulo 4: Como Encontrar Soluções trata dos passos que você deve dar quando está tentando criar Mapas Mentais, mas ainda não consegue fazê-los funcionar. Trata também de assuntos correlatos, como o Mapeamento Mental e a indecisão, e apresenta exercícios de Mapeamento Mental.

Capítulo 5: As Infinitas Aplicações dos Mapas Mentais explica a abrangência incrível do Mapa Mental e como esse sistema pode ser usado num nível mais avançado. Oferece mais orientações e ideias inspiradoras sobre como usar o Mapa Mental de maneira inovadora para transformar sua vida.

Capítulo 6: O Futuro do Mapeamento Mental reflete sobre o Mapeamento Mental na era digital e sobre suas relações com a Inteligência Artificial, sempre olhando para o futuro.

Não consigo imaginar a vida sem o Mapa Mental. Uso esse sistema todos os dias, quer esteja dando palestras, planejando a semana ou escrevendo artigos e livros! O Mapa Mental transformou minha vida numa extensão que eu antes consideraria impossível. Acredito que *Dominando a técnica dos Mapas Mentais* possa fazer o mesmo por você.

Para aqueles que são novatos absolutos nesta técnica: vocês estão a ponto de descobrir uma ferramenta incrível, que tem o poder de abrir a mente de vocês por completo! Para os que já estão familiarizados com o Mapeamento Mental: embora este livro não tenha a pretensão de reinventar a roda do Mapa Mental, é certeza de que colocará novos pneus nessas rodas e levará vocês a lugares que nunca imaginaram.

Chegou a hora de você partir em sua própria aventura de Mapeamento Mental e descobrir o incrível poder do cérebro...

1

O Que é um Mapa Mental?

Este capítulo apresenta o mundo maravilhoso dos Mapas Mentais. Explica exatamente o que é um Mapa Mental e os ingredientes fundamentais dessa incrível ferramenta mental, bem como os passos essenciais da criação de um Mapa Mental. Você vai descobrir o lugar que o Mapa Mental ocupa na história e a relação entre o Mapa Mental e o funcionamento do cérebro humano. E o mais importante: vai começar a compreender de que modo o Mapa Mental lhe permitirá destravar todo o seu verdadeiro potencial.

Pensando com o cérebro inteiro

Tanto a beleza quanto o impacto dessa ferramenta mental holística residem em sua simplicidade. No papel, o Mapa Mental é um diagrama visual colorido, usado para capturar informações. Para atingir essa finalidade, no entanto, ele apela para o funcionamento do córtex cerebral. Ativa um pensamento que faz uso dos dois hemisférios cerebrais: o esquerdo, que é o hemisfério lógico, e o direito, o hemisfério criativo.

A noção de uma divisão entre os dois modos de pensamento do cérebro foi popularizada pela artista americana Betty Edwards com seu livro pioneiro *Desenhando com o Lado Direito do Cérebro*. Publicado em 1979, o livro era baseado nos entendimentos de neurociência da Dra. Edwards e em particular no trabalho do Dr. Roger W. Sperry (1913-1994), que ganhou o Prêmio Nobel. Edwards usou esse trabalho para introduzir uma forma nova e revolucionária de desenhar e ensinar. Afirmava ela que o cérebro tem dois modos de perceber e processar a realidade: o hemisfério esquerdo do cérebro é verbal e analítico, ao passo que o hemisfério direito é visual e perceptivo. O método de ensino dela foi concebido para contornar a censura do hemisfério esquerdo do cérebro, analítico, e libertar a expressividade do hemisfério direito. Edwards fundou depois o Center for the Educational Applications of Brain Hemisphere Research, e seu trabalho continua influenciando artistas e professores do mundo inteiro até hoje.

Hemisfério esquerdo do cérebro
Lógica
Números
Sequência
Análise
Palavras
Listas

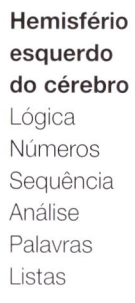

Hemisfério direito do cérebro
Consciência espacial
Imaginação
Cor
Percepção holística
Devaneio
Dimensão

Funções controladas pelos hemisférios esquerdo e direito do cérebro.

Como criar um Mapa Mental

Como é o Mapeamento Mental na prática? Vamos começar fazendo um Mapa Mental básico.

PARA COMEÇAR

Você vai precisar de:

- ✔ **Uma folha grande de papel branco.**
- ✔ **Um conjunto de canetas ou lápis coloridos.**
- ✔ **Um cérebro.**
- ✔ **Mente aberta.**
- ✔ **Imaginação.**
- ✔ **Um tema que você queira explorar.**

Um bom Mapa Mental tem três características:

1. **Uma imagem central** que resuma o tema principal considerado. Se você está usando o Mapa Mental para planejar um projeto, por exemplo, pode colocar no centro o desenho de uma pasta. Não é preciso habilidade artística especial para criar um bom Mapa Mental.

2. **Ramificações grossas que se irradiam** da imagem central. Essas ramificações representam os temas fundamentais relacionados ao assunto principal e cada uma delas é representada por uma cor diferente. Das ramificações, por sua vez, brotam ramificações subsidiárias – galhos, se quiser, na forma de ramificações de segundo e terceiro níveis – que se relacionam com outros temas associados.

3. **Uma única imagem ou palavra-chave** é colocada em cada ramificação (ramo).

Etapa 1

Coloque a folha de papel à sua frente, em formato paisagem (na horizontal). A seguir, use pelo menos três cores para desenhar uma imagem bem no meio do papel, que represente o tema de que você quer tratar; neste exemplo, o tema são as peças de William Shakespeare (1564-1616). Se não quiser desenhar o rosto do Bardo, esboce uma pena de escrever ou algum outro símbolo simples. A imagem central ativará sua imaginação e desencadeará associações em seus pensamentos. Se quiser pôr uma palavra no centro, dê-lhe uma aparência multidimensional e combine-a com uma imagem.

Etapa 2

Agora escolha uma cor e desenhe uma ramificação grossa que nasce da imagem central, como uma das ramificações principais de uma árvore. Para fazer isso, você pode desenhar duas linhas irradiando-se do centro e conectá-las na ponta. A ramificação deve se curvar organicamente, pois isso será envolvente do aspecto visual e será mais interessante para o cérebro, o que aumentará a probabilidade de você memorizar as informações contidas naquela ramificação. A grossura da ramificação simboliza o peso dessa associação na hierarquia do seu Mapa Mental.

Etapa 3

Rotule a ramificação com uma única palavra em letras maiúsculas. Uma vez que o Mapa Mental trata das peças de Shakespeare, você pode chamar essa primeira ramificação de "COMÉDIA", "TRAGÉDIA" ou "HISTÓRIA". Alternativamente, em vez de escrever uma palavra, você pode desenhar uma máscara cômica, uma adaga e uma coroa respectivamente.

1

2

3

4

5

6

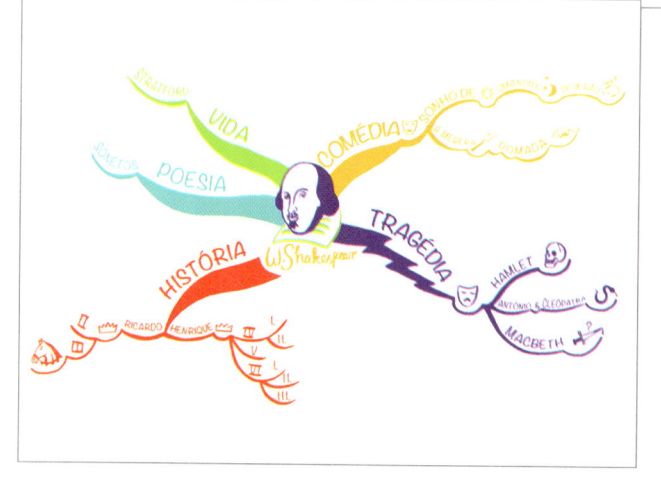

Etapa 4

Faça brotar ramificações secundárias da ramificação principal. Depois desenhe ramificações terciárias que se irradiem a partir desses brotos secundários. Escreva palavras-chave, desenhe símbolos ou use uma combinação das duas coisas em todas as ramificações. Cada símbolo deve ter sua própria ramificação. Não é necessário apressar-se: deixe algumas ramificações vazias a princípio, pois com isso seu cérebro se sentirá naturalmente inspirado a preenchê-las.

Etapa 5

Escolha outra cor e crie a próxima ramificação principal, trabalhando ao redor da imagem central. (Muitos iniciantes têm mais facilidade para trabalhar no sentido horário a partir do centro, mas faça o que for melhor para você.) Como antes, desenhe ramificações secundárias e terciárias a partir dessa nova ramificação e rotule-as. Continue acrescentando ramificações até ter umas cinco ou seis com que trabalhar.

Etapa 6

Agora que você já tem as ramificações principais, passeie livremente pelo Mapa Mental, pulando de ramificação em ramificação, preenchendo espaços vazios e acrescentando novas sub-ramificações à medida que lhe forem ocorrendo ideias e associações.

Etapa 7

Se quiser, acrescente setas, linhas curvas e ligações entre as ramificações principais a fim de reforçar as conexões entre eles.

Et voilà! – você criou o seu primeiro Mapa Mental.

Avançando um passo além

O exemplo que incluí aqui ainda é, neste estágio, um trabalho em andamento que pode ser expandido de modo a incluir as 37 peças de Shakespeare, seus sonetos e poemas narrativos, além de fatos fundamentais de sua vida e sua época. Se você tem interesse nesse dramaturgo – ou se quiser enfrentar um desafio – experimente completar sua própria versão deste Mapa Mental. Então, depois de memorizar as informações aí contidas, terá os fatos referentes a um dos escritores mais famosos do mundo sempre à disposição, na ponta de seus dedos, e será capaz de impressionar as pessoas com seu conhecimento sobre o Bardo!

Uma vez que o Mapeamento Mental envolve o trabalho de ambos os hemisférios do cérebro, ele é multifuncional e pode ser aplicado a todas as funções cognitivas, entre elas a memória, a criatividade, o aprendizado e todas as formas de pensamento. Este é um dos motivos pelo qual o Mapeamento Mental foi descrito como "o canivete suíço do cérebro". Ele é útil, prático – e divertido!

Os ingredientes essenciais

Já vimos que o Mapa Mental toma um único conceito central e o desdobra de modo criativo e eficiente, permitindo-nos descobrir novas associações e criar conexões entre ideias de maneira memorável. Mas quais são os ingredientes exatos que fazem do Mapa Mental uma ferramenta tão poderosa para o pensamento?

Já falamos de alguns desses elementos, mas vale a pena explorarmos os ingredientes fundamentais – Pensamento Radiante, fluxo orgânico não linear, cor, imagens e palavras – de modo um pouco mais detalhado.

PENSAMENTO RADIANTE

O Pensamento Radiante desempenha um papel essencial na formação dos Mapas Mentais. Mas, antes de explorá-lo, quero lhe fazer uma rápida pergunta:

Qual é sua primeira língua?

Agora espere um pouco. E esteja preparado para admitir que você deu a resposta errada.

Vou lhe apresentar um maravilhoso jogo mental que já mudou a vida de milhares de pessoas pelo mundo afora...

Quando lhe perguntei sobre sua primeira língua, pense na resposta que lhe veio à mente. É muito provável que ela estivesse errada. Sua primeira língua não o inglês, o holandês, o cantonês nem nenhuma outra das 7.096 línguas vivas que constam do catálogo da etnologia.

Sua primeira língua é a própria Língua da Humanidade, que é partilhada por todos os seres humanos e é a língua natural dos bebês no útero!

Na verdade, todos nós somos fluentes na Língua Humana desde o nascimento. Do momento em que nasce até cerca de quatro meses de idade, o bebê foca o olhar em objetos que estão a cerca de 20-25 cm de distância – a distância da face da mãe ou do pai. Para a maioria dos bebês, a primeira imagem central que têm do mundo é o rosto de sua mãe, e irradiando-se da imagem central do rosto da mãe há inúmeras associações relacionadas com alimento, amor, calor, saúde, sono e sobrevivência. Dessa maneira, está inscrita em nosso cérebro desde o nascimento a capacidade de perceber o mundo a partir de um Mapeamento Mental.

A Língua Humana é a língua falada pelo funcionamento do cérebro e é formada primariamente pela combinação de duas faculdades: a "imaginação" e a "associação", com uma sub-ramificação de "localização". (A importância da localização explica por que a posição das ramificações em seu Mapa Mental ajuda você a memorizá-las.)

Exercício de autoexame

Daqui a pouco vou lhe dar uma palavra e pedir que você feche os olhos e deixe que o superbiocomputador do seu cérebro funcione. Depois de ler a palavra, veja quanto tempo leva para que você a compreenda, quais informações o seu cérebro lhe dá a respeito dela e se há cores ou associações ligadas a ela. Lá vai...

A sua palavra é:
A-B-A-C-A-X-I

Seu computador emitiu uma bela página impressa com as letras

A - B - A - C - A - X - I

nitidamente soletradas? Acho que não...

Anote rapidamente suas respostas às seguintes perguntas:

- **O que seu supercomputador lhe deu como resposta?**
- **Quanto tempo ele levou para acessar esses dados?**
- **Quais associações ele lhe apresentou?**
- **O que mais lhe veio à mente?**
- **Quais cores estavam ligadas à palavra?**
- **Ela lhe fez pensar em mais alguma coisa, como textura, sabor, cheiro ou localização?**

Meu palpite é que você recebeu uma imagem, ou mesmo um conjunto de imagens com cores e associações multissensoriais.

Se foi isso que aconteceu, seja bem-vindo à raça humana!

Como a massa de sementes do dente-de-leão, seu pensamento se irradia para fora, criando associações a partir de associações.

Todas as línguas faladas e escritas são belas, importantes e vitais. No entanto, todas elas são linguagens ou sub-rotinas secundárias. A Língua Humana, formada pela imaginação e a associação, é por excelência a linguagem primária da nossa espécie. Veja a ilustração abaixo. Ela representa o modo como seu cérebro e todos os outros cérebros pensam. Incrível, não é?

Reagindo à palavra "abacaxi" por meio de uma multidão de associações espontâneas, você demonstrou o modo pelo qual seu cérebro oferece um número infinito de oportunidades para o pensamento, a memória e a criatividade. Seu pensamento é Radiante! Tem um número infinito de raios, e cada raio tem a capacidade de se subdividir num outro número infinito de raios – e o processo continua *ad infinitum*.

Sócrates, a mosca de Atenas

Sócrates, o filósofo grego clássico (*c.* 470-399 a.C.), fez uma declaração que ficou famosa: "A vida não examinada não é digna de ser vivida". Embora certas pessoas pensassem que Sócrates se parecia mais com um sátiro do que com um homem, poucos contestavam o esplendor de sua mente. Ele desafiava os cidadãos de Atenas a pensar profundamente e, como uma mosca, "picava" o Estado e estimulava-o a cumprir os seus deveres. Demonstrou o valor de se desdobrar uma ideia camada por camada. O princípio de levar um argumento até o fim, em todas as suas ramificações, também está por trás do Mapa Mental, que pode ser usado para explorar-se uma ideia plenamente por meio de suas ramificações.

A Língua Humana pode ser exteriorizada. E, quando é exteriorizada em sua forma mais pura, cria um Mapa Mental.

Permitindo que ideias se irradiem a partir do conceito central, o Mapa Mental estimula uma resposta altamente personalizada a um conceito. Sua estrutura radiante facilita a identificação de conexões entre as diferentes ramificações do mapa e a geração de novas associações a fim de preencher qualquer espaço em branco, encorajando-nos assim a continuar pensando criativamente por mais tempo.

FLUXO ORGÂNICO NÃO LINEAR

Já contei que, ainda na época de estudante, percebi que tomar notas lineares era um sistema para perpetuar minha estupidez. Na verdade, o pensamento linear – acrescentar novos itens a uma lista em sequência linear, por exemplo – limita a nossa capacidade de pensar. À medida que vamos avançando numa lista, nossa criatividade começa a sumir e paramos de pensar de modo imaginativo ou inventivo. Em consequência, é muito provável que a linearidade mine nossa capacidade de acessar ou reter todas as informações disponíveis.

O cérebro humano não pensa por meio de barras de ferramentas, menus e listas; pensa organicamente.

Imagine as nervuras de uma folha, as ramificações de uma árvore ou mesmo a complexa rede do sistema nervoso humano: é assim que o cérebro pensa. Para pensar bem portanto, o cérebro precisa de uma ferramenta que reflita um fluxo orgânico natural – e é aí que a estrutura do Mapa Mental mostra todo o seu valor. O Mapa Mental é a última etapa na progressão que parte do pensamento linear (unidimensional), passa pelo pensamento lateral (bidimensional) e chega ao pensamento multidimensional ou Pensamento Radiante.

Os Mapas Mentais reproduzem as incontáveis sinapses e conexões das nossas células cerebrais, refletindo assim o modo como nós mesmos fomos criados e interligados (ver também "Mapas Mentais internos", p. 53). Como nós, o mundo natural encontra-se num estado perpétuo de fluxo e regeneração e tem uma estrutura de comunicação semelhante à nossa. O Mapa Mental é, assim, uma ferramenta mental que se inspira na eficácia dessas estruturas naturais. Suas propriedades orgânicas se manifestam na natureza curvilínea de suas ramificações, as quais, como já vimos, são mais atraentes para o cérebro do que linhas retas.

CORES

Ainda na época de estudante, quando introduzi o uso de duas cores diferentes nas anotações que fazia, melhorei em mais de 100% minha memorização dessas anotações. Por quê?

A cor está relacionada ao lado direito do cérebro, ao passo que as palavras estão relacionadas ao lado esquerdo, que é o lado racional. Assim, a combinação de cores e palavras exige que ambos os lados do cérebro trabalhem.

Além disso, a introdução de cores me fez começar a gostar do processo de tomar notas – e a diversão é um elemento fundamental do Mapeamento Mental. As cores estimulam a memória e a criatividade, libertando-nos da armadilha da monotonia monocromática. Dão vida às imagens e as tornam mais atraentes. São capazes de nos inspirar a fazer explorações e impactam o modo como nos comunicamos com as outras pessoas. Numerosos estudos mostram que um uso ponderado da cor pode:

- **Capturar nossa atenção.**
- **Melhorar em muito a compreensão.**
- **Aumentar a motivação.**
- **Estimular uma comunicação vibrante.**
- **Intensificar o processamento e armazenamento de imagens pela mente.**

A cor também pode atuar como um código. Se você usar cores específicas para representar diferentes áreas e temas dentro de um Mapa Mental, estará criando uma taquigrafia visual que o capacitará a memorizar com muito mais facilidade as informações contidas nesse Mapa Mental e fará aumentar de modo significativo a quantidade de coisas de que você se lembra.

Em 1933, a psiquiatra e pediatra alemã Hedwig von Restorff (1906-1962) conduziu um estudo em que constatou que os participantes conseguiam se lembrar melhor daquelas coisas que, de algum modo, se destacavam do ambiente ao redor. Imagine, por exemplo, uma lista de nomes de meninos que inclua o nome feminino "Heidi" destacado em laranja. É muito provável que você se lembre de "Heidi", pois ele se destaca do contexto: é um nome feminino numa cor diferente.

Nos Mapas Mentais, as cores e os símbolos podem ser usados para ativar o Efeito Von Restorff ou "efeito de isolamento", como é chamado, fazendo com que as diferentes ramificações de algum modo se destaquem do que há ao redor.

Torne a vida colorida com os Mapas Mentais!

IMAGENS

Na infância, geralmente aprendemos a desenhar antes de aprender a escrever. A história dos grafismos reflete esse processo: as primeiras marcas feitas pelo homem foram as da arte rupestre; ao longo de milênios, elas evoluíram – via pictogramas e hieróglifos – até o surgimento da palavra escrita. (Ver, a seguir, "Uma Breve História do Pensamento por Trás dos Mapas Mentais").

Ao contrário das palavras, as imagens têm um caráter imediato: as informações visuais são processadas pelo cérebro com uma rapidez 60 mil vezes maior que o texto. Além disso, as imagens estimulam a imaginação, são ricas em associações e transcendem os limites da comunicação verbal. (Pense na eficácia das placas de trânsito no mundo inteiro.) Como as cores, elas estimulam a harmonia entre os hemisférios esquerdo e direito do cérebro, equilibrando nossas capacidades linguísticas e visuais. Também fazem uso de outras capacidades do córtex cerebral, como o reconhecimento de formas, linhas e dimensões.

O provérbio "uma imagem vale mais que mil palavras" foi provado cientificamente pelos psicólogos americanos Ralph Haber e Raymond S. Nickerson, entre outros acadêmicos de peso. As imagens realmente são mais eficazes que as palavras para chamar a atenção do cérebro. Para dar ainda mais impacto às imagens dos seus Mapas Mentais, elas devem ser claras e coloridas, sem linhas confusas. Com isso, serão mais atraentes, envolventes e inesquecíveis.

PALAVRAS

Um Mapa Mental de verdade traz apenas uma palavra em cada ramificação. Isso porque a palavra única tem mais força que uma expressão, uma vez que cada palavra individual desencadeia todo um conjunto de associações e, assim, gera novas ideias. A expressão com mais de uma palavra, por sua vez, é uma entidade fixa, enrijecida no significado dado pela junção de suas palavras. Por não ser aberta à livre associação, seu impacto se dilui.

Se você sentir que é imprescindível usar uma expressão, decomponha-a de modo que cada palavra dentro dela esteja apoiada separadamente sobre a ramificação e tenha a liberdade de gerar suas próprias sub-ramificações. Melhor ainda que isso é usar palavras isoladas.

Com uma única palavra em cada ramificação do seu Mapa Mental, seu cérebro realmente se envolverá com o tema e chegará ao âmago do assunto. Essa palavra será um gancho em que seu cérebro vai pendurar uma lembrança.

Uma breve história do pensamento por trás dos Mapas Mentais

Como qualquer outra coisa que nos impressione por ser completamente nova, diferente ou inovadora, o Mapa Mental não surgiu do nada nem aterrissou neste planeta como se fosse uma espaçonave alienígena. Já deve estar claro que não aconteceu de eu acordar certa manhã e inventar o Mapeamento Mental num impulso. O Mapa Mental é uma evolução natural do pensamento humano.

O Mapa Mental nasce naturalmente do processo pelo qual os seres humanos tentaram, desde tempos antigos, usar imagens para comunicar seus pensamentos mais íntimos. Na verdade, as raízes do Mapa Mental estão nos primeiros grafismos deliberadamente pintados nas paredes de cavernas cerca de 40 mil anos atrás. Tanto as artes visuais quanto a escrita são expressões visíveis do pensamento; as atitudes em relação a essas práticas, além do equilíbrio entre elas, influenciaram a expressão das ideias ao longo da história – desde a Idade da Pedra até o século XXI.

A ARTE RUPESTRE

A invenção da expressão simbólica foi uma das grandes inovações na história da humanidade. Numa das primeiras formas de arte, a mão era usada como estêncil. Segundo uma teoria, usando pigmentos para traçar o contorno das mãos nas paredes das cavernas, nossos antepassados descobriram de que modo um objeto tridimensional podia ser representado por uma linha bidimensional. Depois representaram os contornos de animais como cavalos, bisões e veados nas pinturas rupestres.

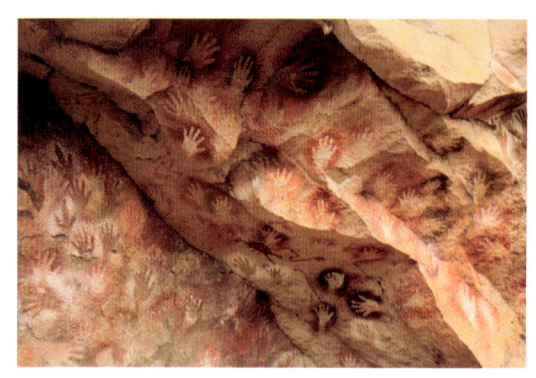

Estênceis de mãos, talvez com 9 mil anos de idade, na Cueva de las Manos, Santa Cruz, Argentina.

ESCRITA CUNEIFORME SUMERIANA

Por volta de 3500 a.C., os sumerianos desenvolveram uma forma primitiva de contabilidade a fim de manter o controle de sua produção agrícola e dos rebanhos; essa contabilidade era feita em tabuletas de argila. As imagens dos animais foram abstraídas e se transformaram em pequenas linhas e figuras, que eram transcritas do mesmo modo. Esses pictogramas constituíram a base da escrita mais antiga que conhecemos.

Registros administrativos na escrita cuneiforme sumeriana, a escrita mais antiga do mundo.

HIERÓGLIFOS EGÍPCIOS

Os hieróglifos desenvolvidos na Segunda Dinastia do Egito Antigo (*c.* 2890-2670 a.C.) eram baseados em imagens. Ao passo que alguns representavam os objetos figurados, o mais comum era que eles fossem usados como fonogramas. Ou seja, o que transmitia o significado eram os sons deles, e não suas formas. Criou-se assim uma distinção entre a palavra tal como é figurada visualmente e o objeto a que ela se refere, permitindo o estudo de conceitos abstratos e dando um novo impulso ao poder da associação no desenvolvimento das ideias.

Hieróglifos no túmulo de Tutmoses III, no Vale dos Reis, Luxor, Egito.

GRÉCIA ANTIGA

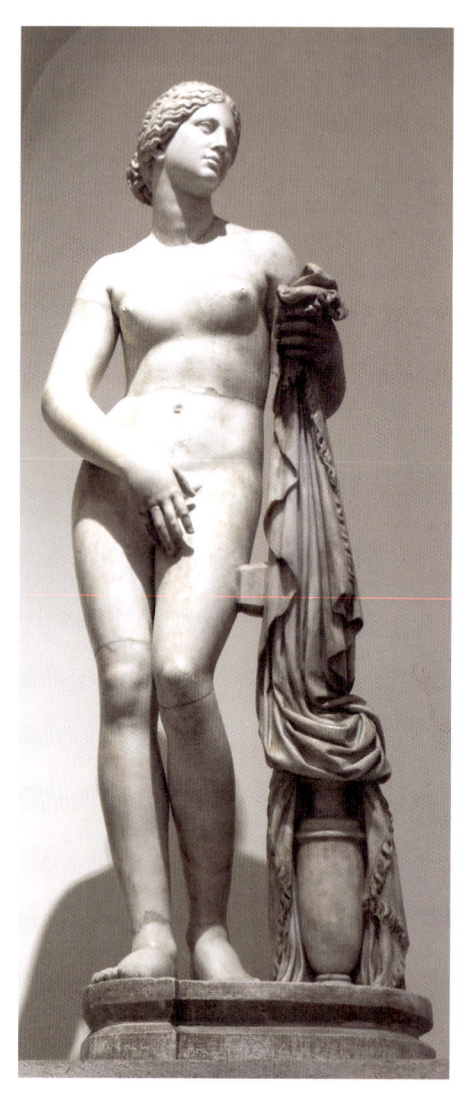

Cópia romana da *Afrodite de Cnido*, obra do escultor grego Praxíteles.

No decorrer de vários séculos, os antigos gregos refinaram a linguagem visual do pensamento, como se evidencia na evolução de sua arte: das formas estáticas e formalizadas das estátuas do período arcaico até as figuras humanas muito mais realistas criadas por escultores como Praxíteles, no século IV a.C. Praxíteles foi um artista inovador, e acredita-se que tenha sido o primeiro escultor a representar a forma feminina nua numa estátua de tamanho natural.

A forma tridimensional com que os antigos gregos abordavam o mundo e questionavam o lugar que ocupamos nele se reflete nas obras de muitos pensadores, entre eles Euclides (*c.* 300 a.C.), Arquimedes (*c.* 287-212 a.C.), Eratóstenes (*c.* 275-194 a.C.), Sócrates (*c.* 469-399 a.C.), Platão (*c.* 429-347 a.C.), Aristóteles (*c.* 384-322 a.C.) e Fídias (século V a.C.). Esses inovadores não se contentaram em aceitar o mundo tal como o viam, mas, em vez disso, alargaram os limites do pensamento de modo semelhante ao que hoje nos é permitido pelo moderno Mapa Mental.

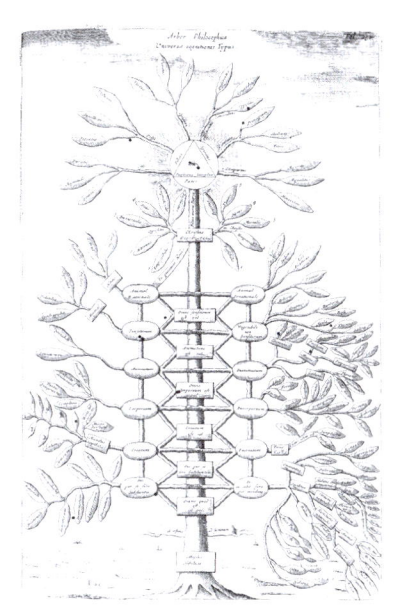

Arbor Porphyriana **do filósofo Boécio, do século VI.**

DIAGRAMAS EM ÁRVORE

Embora o Império Romano tenha caído no século V d.C., a língua latina continuou exercendo grande influência sobre o pensamento ocidental. Sua adoção e adaptação pela Igreja cristã reforçou uma crença cultural na superioridade da palavra escrita como canal primário da expressão do pensamento, da criatividade e da comunicação. No entanto, filósofos como Boécio (*c.* 480-524/525 d.C.) usaram diagramas em forma de árvore, como a *Arbor Porphyriana*, como instrumentos de ensino para explorar categorias; e elaborados diagramas medievais, como o da "Árvore de Jessé", que listava os antepassados de Jesus Cristo, também eram usados como instrumentos mnemônicos, combinando palavras e imagens.

LEONARDO DA VINCI

O artista e inventor renascentista Leonardo da Vinci (1452-1519) ocupa lugar importante na história do desenvolvimento do Mapeamento Mental. As anotações de Leonardo justapõem desenhos, símbolos e palavras, combinando a imaginação, a associação e a análise e revelando o modo pelo qual sua incrível criatividade foi apoiada por toda a gama das capacidades do seu cérebro.

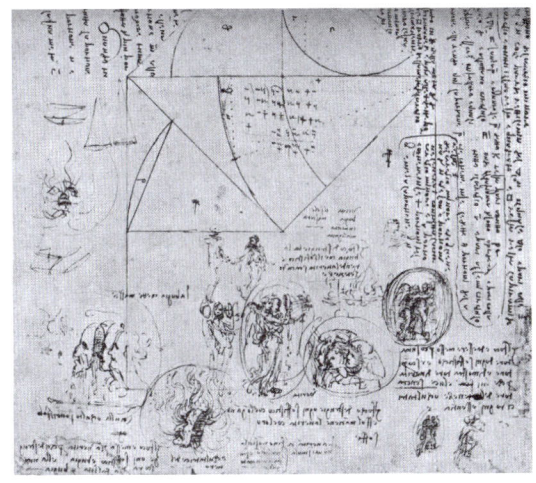

Página do caderno de Da Vinci (c. 1480), que combina palavras, figuras geométricas, imagens e símbolos.

CHARLES DARWIN (1809-1882)

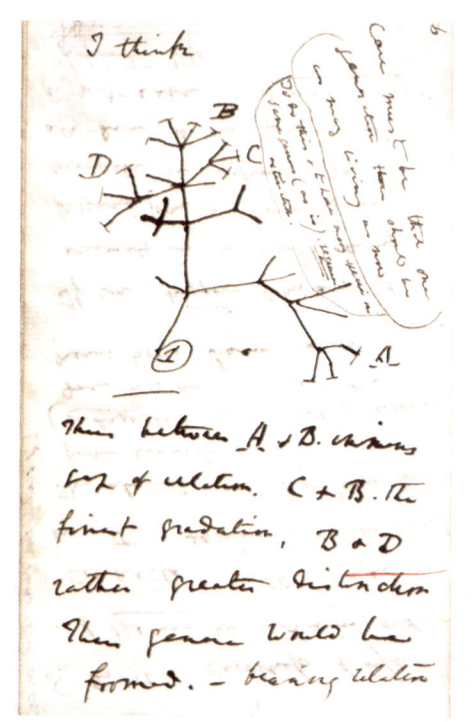

O naturalista britânico Charles Darwin criou uma das mais importantes prefigurações do Mapa Mental. No desenho da "Árvore da Vida", ele mapeia seus pensamentos sobre os possíveis laços de parentesco entre as espécies no decorrer da história evolutiva. Os geneticistas modernos descobriram que, na verdade, as espécies se entrecruzam com mais frequência do que Darwin pensava. Esse pensamento interconectado se reflete nos Mapas Mentais de hoje em dia, que criam vínculos entre diferentes ramificações por meio de setas e linhas.

O desenho de Darwin (*c.* 1837) em que ele explora pela primeira vez a ideia de uma árvore evolutiva.

ALBERT EINSTEIN (1879-1955)

Numa entrevista dada para um jornal em 1929, o físico teórico Albert Einstein, nascido na Alemanha e naturalizado americano, declarou: "Sou artista o bastante para recorrer livremente à minha imaginação. A imaginação é mais importante que o conhecimento. O conhecimento é limitado. A imaginação abraça o mundo". O pensamento de Einstein não era linear e verbal, mas diagramático e esquemático. Por isso, ele é o padrinho do Mapeamento Mental no século XX.

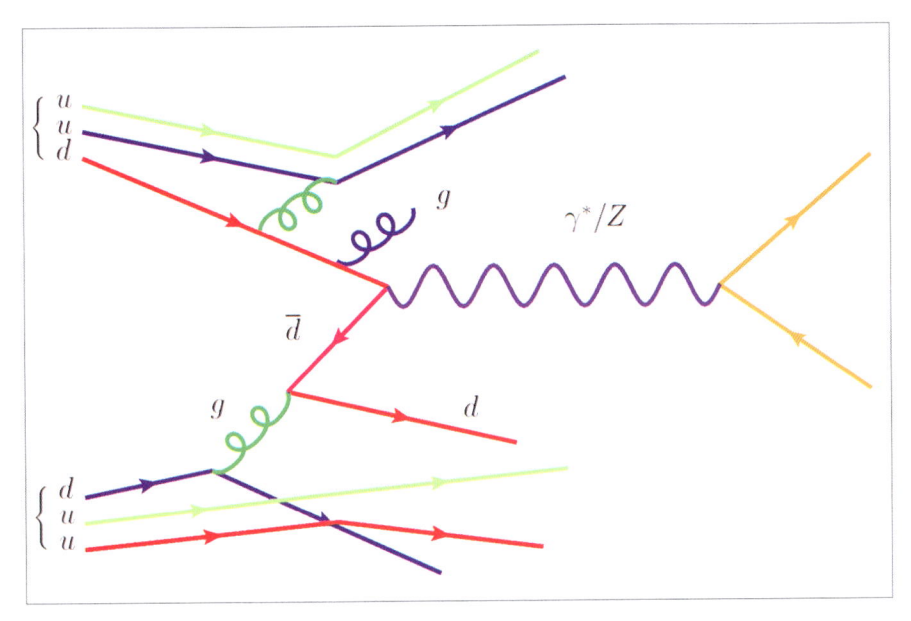

Diagrama de Feynman representando o comportamento de partículas subatômicas.

RICHARD FEYNMAN (1918-1988)

O físico americano Richard Feynman, que ganhou o Prêmio Nobel, apreseñtou ao mundo o primeiro diagrama de Feynman em 1949. Na juventude, Feynman compreendeu o quanto a visualização e a imaginação são importantes para o processo de pensamento criativo e aprendeu sozinho a desenhar. Criou então representações pictóricas das fórmulas matemáticas usadas para descrever o comportamento das partículas subatômicas, as quais foram chamadas diagramas de Feynman. Ele gostava tanto desses diagramas que os pintou na lataria de sua van!

O Mapeamento Mental na prática

Depois de tantos séculos, nossas atitudes perante as imagens e palavras continuam evoluindo. Hoje já há sinais de uma passagem das formas de comunicação verbais, ainda dominantes, para o pensamento visual (como se vê pela crescente popularidade dos emojis como uma espécie de taquigrafia visual), passagem essa que talvez esteja corrigindo um desequilíbrio que existia nas décadas anteriores. No ambiente acadêmico, por exemplo, as palavras são tradicionalmente preferidas às imagens – com algumas notáveis exceções que, como mencionamos acima, apareceram nos trabalhos de gigantes como Feynman e Einstein. No entanto, o poder da imagem está voltando à linha de frente em toda a nossa comunicação: cada vez mais usamos o telefone como uma máquina fotográfica – mais para capturar cenas que para partilhar diálogos, e para documentar as minúcias da nossa vida em imagens postadas nas redes sociais; pensamos, trabalhamos e interagimos com pessoas completamente desconhecidas pelo mundo afora e, por isso, temos passado a depender cada vez mais de tecnologias que nos permitem transcender a barreira da linguagem falada.

Casando palavras e imagens e refletindo o funcionamento do cérebro humano em sua combinação de lógica e criatividade, o Mapa Mental é a ferramenta perfeita para este século globalizado.

Alguns Mapas Mentais são muito simples e diretos, ao passo que outros são incrivelmente complexos. *Na página ao lado* está exemplificado um Mapa Mental simples mas verdadeiro, criado segundo as Leis do Mapeamento Mental (ver o Capítulo 2, p. 60). É um Mapa Mental simples para planejar uma viagem de férias. Note que cada palavra ou imagem acomoda-se em sua própria ramificação, cada ramificação tem sua própria cor e que as imagens lúdicas, que capturam o entusiasmo de planejar uma viagem de verão, fazem com que este Mapa Mental seja divertido de criar e fácil de lembrar. As ramificações

principais dizem respeito às preocupações fundamentais do planejamento de uma viagem de férias: aonde ir, onde ficar, o custo, como chegar lá e quais são os principais objetivos da viagem. As sub-ramificações do Mapa Mental mergulham mais fundo em cada um desses aspectos – considerando, por exemplo, a montanha ou a praia como destinos possíveis e detalhando as diferentes opções de hospedagem e transporte. Uma das sub-ramificações dos custos examina a possibilidade de poupar dinheiro e está ligada por setas a opções mais baratas.

Se você não sabe que tipo de viagem quer fazer, a criação de um Mapa Mental como este o ajudará a contemplar todas as alternativas, resolver questões como a do peso dos objetivos e dos custos e chegar a uma conclusão acerca de o que você realmente quer fazer.

O Mapa Mental:

- **Dará clareza e a visão geral de um tema.**
- **Dará as informações de que você precisa para fazer planos.**
- **Proporcionará uma visão completa de uma situação.**
- **Atuará como um grande armazém de informações.**
- **Ativará sua imaginação e o encorajará a encontrar soluções criativas.**
- **Será por si só bonito de se ver.**

As muitas vantagens do Mapeamento Mental

Além de dar uma visão geral clara de um tema e proporcionar uma ferramenta visual que o ajudará a memorizá-lo, o Mapeamento Mental tem muitas outras vantagens:

Pensamento: Use o Mapeamento Mental para ligar o cérebro, encontrar novas ideias e associações e criar um registro colorido de seus processos de pensamento.

Aprendizado: O Mapa Mental é um excelente auxílio ao estudo, útil para tomar notas durante aulas e palestras e para fazer revisão antes das provas. Ele afasta as folhas mortas e deixa à mostra as principais ramificações de qualquer tópico.

Concentração: Fazer um Mapa mental é se concentrar atentamente numa tarefa e pôr o cérebro para funcionar de um jeito que inevitavelmente produzirá melhores resultados.

Organização: Use os Mapas Mentais para planejar festas, casamentos, viagens, reuniões de família e até o futuro da sua vida.

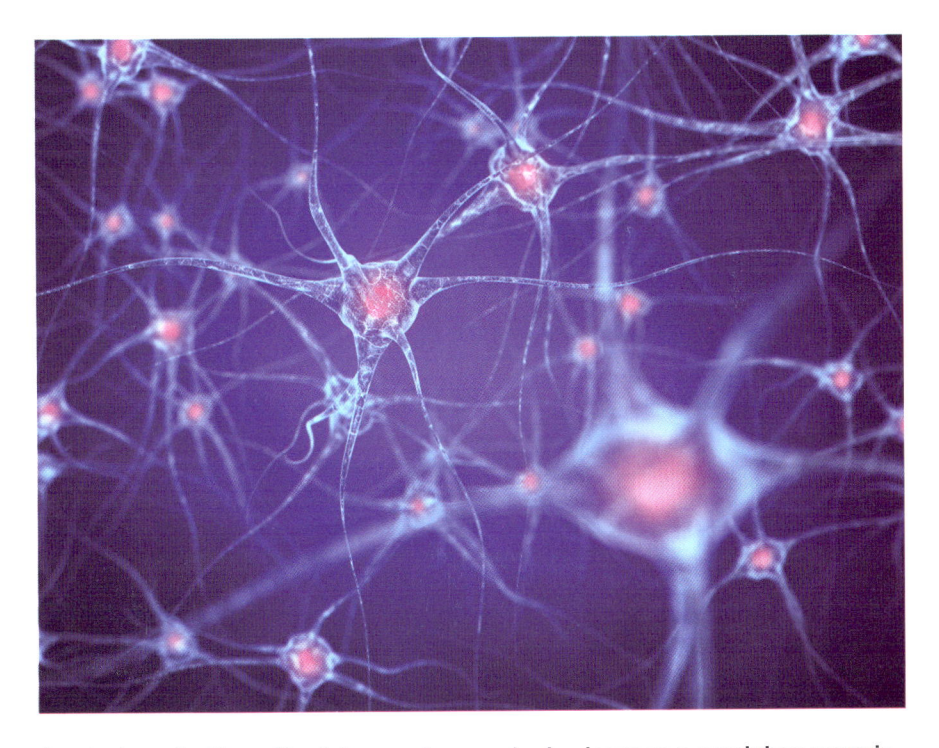

A estrutura do Mapa Mental reproduz a rede de sinapses e caminhos neurais do cérebro.

Planejamento: Priorize seu tempo e seus compromissos usando o Mapeamento Mental para planejar seu dia e sua agenda.

Comunicação: Elimine tudo o que é inútil e se comunique com precisão – o Mapa Mental sublinhará os pontos essenciais que você precisa transmitir.

Falar em público: Dispense páginas e páginas de anotações. Torne as informações acessíveis a um simples olhar e faça discursos e apresentações claros, tranquilos e dinâmicos.

Liderança: Crie excelentes ferramentas de negócios, quer para distribuir tarefas, tomar minutas ou presidir uma reunião. O Mapa Mental é uma bancada de controle com a qual você pode entender seu universo interno e externo.

Treinamento: Jogue fora todos aqueles manuais verborrágicos e use os Mapas Mentais para criar programas de treinamento num formato ágil e acessível.

Negociação: Veja todas as suas opções, estratégias disponíveis e resultados possíveis claramente delineados numa única página. O Mapa Mental vai ajudar você a negociar de modo que todos saiam ganhando.

Os Mapas Mentais e o cérebro

Já vimos que os Mapas Mentais funcionam de modo orgânico, como o cérebro, reproduzindo os modos pelos quais novos caminhos se formam ou se consolidam quando informações são transmitidas entre as ramificações e as células cerebrais. Estimulando o Pensamento Radiante, o Mapa Mental amplifica as funções naturais do cérebro e torna este órgão mais forte, mais criativo e mais eficaz. O cérebro humano contém mais de um bilhão de neurônios (células nervosas), cada um dos quais é mais poderoso que um computador pessoal. No entanto, por meio do poder do Pensamento Radiante, o cérebro opera de modo sinergético e não linear. Isso significa que a totalidade de suas operações é sempre maior que a soma de suas partes.

Além disso, os Mapas Mentais reproduzem as inúmeras sinapses e conexões dos nossos neurônios. Pesquisas científicas recentes dão a entender de modo cada vez mais claro que o Mapa Mental é a manifestação natural dos processos de pensamento do cérebro humano e que todos nós, na verdade, pensamos por meio de Mapas Mentais internos.

MAPAS MENTAIS INTERNOS

Em 2014, o Prêmio Nobel de Fisiologia ou Medicina foi dividido em dois: metade foi para John O'Keefe e a outra metade, para o casal May--Britt Moser e Edvard I. Moser. Os três receberam o prêmio por suas descobertas no campo da neurociência cognitiva e especificamente pelas pesquisas sobre as "células de grade". Essas células cerebrais especializadas trabalham com as células de lugar e o hipocampo cerebral para criar uma representação mental da localização da pessoa em seu ambiente. As células de grade não só ajudam o indivíduo a formar um mapa mental de seus arredores, atuando como uma espécie de GPS interior, como também, segundo indicam os dados, podem desempenhar um papel na formação de memórias de episódios no hipocampo, região do cérebro importantíssima para os processos de memória e aprendizado.

Os dendritos e sinapses das células cerebrais se combinam para criar uma espécie de Mapa Mental interno, que serve tanto para se entender uma situação quanto para reter informações que possam ser recuperadas numa data posterior.

Esse tipo de descoberta nunca deixa de me maravilhar e deliciar. Na década de 1960, quando comecei minhas pesquisas sobre como pensamos, alguns aspectos da ciência ainda estavam no início. As células cerebrais, por exemplo, pareciam pouco mais que meros pontinhos sob o microscópio – minúsculas partículas de poeira flutuando entre outras partículas. No entanto, à medida que a neurociência foi avançando, todos se surpreenderam ao constatar que esses pontinhos tinham pernas. Foi preciso inventar o microscópio eletrônico para revelar a célula cerebral em toda a sua glória, com um núcleo, ramificações que se chamam dendritos, sinapses e terminais chamados axônios.

Essa revelação me pareceu um milagre também por outro motivo, pois confirmava a validade e a natureza orgânica da ferramenta mental em que eu estava trabalhando na mesma época em que essas descobertas foram feitas: a estrutura do Mapa Mental. Um bom Mapa Mental se assemelha à forma expandida de uma célula cerebral.

Assim como a matemática de uma célula cerebral se projeta infinitamente, assim também o Mapa Mental é uma ferramenta mental que tem o potencial de se expandir rumo aos confins do infinito.

A descoberta da verdadeira natureza das células cerebrais parecia um maravilhoso exemplo de sincronicidade. Do mesmo modo, a pesquisa recente sobre as células de grade, que ganhou o Nobel, confirma que o pensamento das células cerebrais tem a forma de um Mapa Mental. Acredito que essa revelação confirma o poder dessa ferramenta mental e também sua relação fundamental com a memória.

Por outro lado, a relação entre os Mapas Mentais e a memória já recebeu comprovação científica. Um artigo apresentado por H. Toi na Conferência Internacional sobre o Pensamento, realizada em Kuala Lumpur em 2009, mostrou que o Mapeamento Mental é capaz de ajudar crianças a se lembrar de palavras com mais eficácia do que se usassem listas; a melhora da memória chegava a 32%. Do mesmo modo, um estudo conduzido por Paul Farrand, Fearzana Hussain e Enid Hennessy em 2002 demonstrou que o Mapeamento Mental melhora em 10% a memória de longo prazo de informações factuais.

OS MAPAS MENTAIS SOMOS NÓS

Os Mapas Mentais constituem a maneira mais fácil de fazer informações entrarem no cérebro e dele saírem, e parecem se relacionar com uma parte essencial da nossa natureza humana. O ditado hermético "assim em cima como embaixo" parece muito adequado, dado que os Mapas Mentais refletem nosso funcionamento interno e externo: relacionam-se tanto com a estrutura cerebral do nosso pensamento quanto com os modos pelos quais esse pensamento pode se manifestar no mundo por meio do Mapa Mental, a ferramenta mais avançada que existe.

Quando você tiver terminado de ler este livro e tiver feito todos os exercícios nele contidos, estará a caminho de dominar o Mapeamento Mental. E não só: aprendendo a mapear sua mente, poderá estar a caminho de realizar seu verdadeiro potencial como ser humano.

2

Como Mapear a Mente

Este capítulo explica as Leis do Mapeamento Mental, por que as Leis funcionam e por que continuam sendo essenciais. Você descobrirá os benefícios do Mapeamento Mental para a vida cotidiana e suas principais aplicações: em casa, no trabalho, na educação e para a criatividade, o bem-estar e a memória. Descubra como usar os Mapas Mentais para maximizar sua felicidade, satisfação e produtividade todos os dias da sua vida!

Destrave o potencial do seu cérebro

Ao contrário de outros tipos de ferramentas visuais, o Mapeamento Mental destrava o incrível potencial do cérebro na medida em que faz uso de todas as capacidades do córtex cerebral, desde a racional e numérica até a imaginativa e inventiva. Um bom Mapa Mental é um campo em que o cérebro pode se manifestar criativamente usando uma combinação de palavras e imagens. Na verdade, o Mapa Mental é melhor ainda do que isso, pois encoraja o "florescimento cerebral" por meio da combinação das faculdades de imaginação e associação, criando as condições perfeitas para uma proliferação de ideias – e quanto mais ideias você gera, melhor tende a ser a qualidade geral delas. O Mapeamento Mental expande os horizontes do pensamento e lhe oferece o impulso de que você precisa para intensificar a precisão mental, a intuição, a criatividade e a liberdade de pensamento.

Nas décadas que se passaram desde que o Mapa Mental foi criado, ele foi adotado por centenas de milhões de pessoas pelo mundo afora que queriam maximizar o uso eficiente de seu poder cerebral. A eficácia dessa ferramenta foi confirmada por numerosos estudos científicos e psicológicos e ela mostrou ser um instrumento extraordinariamente versátil. Como descobriremos no Capítulo 5, o Mapa Mental pode ser usado em absolutamente todos os aspectos da vida em que a melhora do aprendizado e uma maior clareza de pensamento podem aperfeiçoar nosso desempenho.

**Pergunte-se: "De que modo
o Mapeamento Mental pode
melhorar minha vida?".
Então, comece!**

No Capítulo 1, convidei você a criar um Mapa Mental todo seu, apresentando-lhe os componentes essenciais dessa ferramenta: imagens, cores, ramificações e palavras, entre outros (ver p. 27). Como qualquer outra habilidade, também com o Mapeamento Mental a confiança e a técnica melhoram proporcionalmente à prática. Para aproveitar ao máximo este capítulo, sugiro que você o aborde como um gostoso conjunto de exercícios divertidos. Deixe de lado toda inibição e insegurança e experimente fazer diversos Mapas Mentais coloridos, seguindo os princípios que vou descrever em detalhes nas páginas a seguir.

Antes de começarmos, gostaria de fazer uma rápida sugestão: embora seu cérebro vá fazer agora um exercício intenso, seja bondoso consigo mesmo (sempre!). O Mapa Mental dará o melhor resultado quando sua abordagem for descontraída, colorida e interessante. Paradoxalmente, brincar é uma coisa séria, pois ativa a imaginação, que é um dos alicerces do Mapeamento Mental. Se em algum momento você empacar ou se sentir frustrado, faça uma pausa e retome seu Mapa Mental depois. (Ver o Capítulo 4, "Como Encontrar Soluções", para mais orientações nesse sentido.) Ou comece outro Mapa Mental, talvez um dos mencionados nas "99 Aplicações" do Capítulo 5 (ver p. 159). O Mapeamento Mental é mais eficaz quando é realizado em estirões de cerca de 20 minutos.

O Mapeamento Mental nada tem a ver com um pensamento rígido de "sucesso e fracasso" e "tudo ou nada", e ninguém vai julgar seus resultados (a menos que você entre no Campeonato Mundial de Mapeamento Mental!). Há certas Leis que o ajudarão a aproveitar ao máximo o Mapeamento Mental e o habilitarão a criar Mapas Mentais particularmente poderosos. Talvez a noção de Lei pareça contraintuitiva a princípio quando se trata de criatividade e geração de ideias; no entanto, essas Leis foram concebidas para apoiar seu pensamento e dar-lhe uma estrutura, permitindo que ele floresça em vez de embaraçar-se e afundar.

PARA COMPREENDER AS LEIS

Embora as Leis do Mapeamento Mental pareçam simples, são muito eficazes. Se você não as seguir, não criará um verdadeiro Mapa Mental. Ao contrário, provavelmente obterá um dos diagramas que vamos examinar no Capítulo 3 ou com algo que se assemelha ao puro caos.

As Leis do Mapeamento Mental

1. Sempre use uma folha de papel em branco, colocada na horizontal. A folha deve ser grande o bastante para permitir que você crie sub-ramificações e sub-sub-ramificações.

2. Desenhe uma imagem no centro do papel, que represente seu tema, usando pelo menos três cores.

3. Use imagens, símbolos, códigos e dimensões em todo o seu Mapa Mental.

4. Escolha palavras-chave e escreva-as em letras maiúsculas.

5. Coloque cada palavra ou imagem em sua própria ramificação, de modo que tenha existência própria.

6. Faça com que ramificações curvas se irradiem da imagem central. As ramificações devem ser mais grossas na direção do centro do Mapa Mental e mais finas à medida que se irradiam para fora e geram sub-ramificações.

7. As ramificações devem ter o mesmo comprimento que as palavras ou imagens colocadas sobre elas.

8. Use cores em todo o Mapa Mental, desenvolvendo nas ramificações seu próprio código de cores.

9. Use sublinhados, setas e linhas de conexão para representar as associações entre diferentes tópicos do seu Mapa Mental.

10. Vise à clareza em seu Mapa Mental, posicionando as ramificações espacialmente de modo cuidadosamente ponderado.

> Lembre-se de que o espaço entre as coisas é muitas vezes tão importante quanto as coisas em si. Imagine, por exemplo, o espaço entre as árvores numa floresta: é neles, e não nas árvores em si, que seu cérebro pensa quando procura compreender onde você está e para onde está indo.

PARA DESENVOLVER SEU PRÓPRIO ESTILO

Se você seguir as Leis, terá liberdade para desenvolver sua "impressão digital" única – ou, antes, sua "impressão ocular" – sem deixar de ser fiel ao espírito essencial do Mapeamento Mental. Para conhecer e realmente absorver as Leis do Mapeamento Mental, deixe uma cópia delas sempre à mão (talvez na forma de um Mapa Mental) e consulte-a regularmente quando for fazer qualquer Mapa Mental. Em pouco tempo, elas vão ser para você como uma segunda natureza. Atuarão como o DNA dos seus genes de Mapeamento Mental.

Empreenda a viagem pelo Mapeamento Mental passo a passo: seu primeiro objetivo deve ser fazer um Mapa Mental; depois, dois Mapas Mentais; depois, cinco Mapas Mentais; depois, 25 Mapas Mentais; depois, 50 Mapas Mentais... até você chegar em 100 Mapas Mentais (seu século). Quando chegar em 100 Mapas Mentais, se tiver consultado as Leis regularmente você terá alcançado um nível de alta habilidade em Mapeamento Mental.

Os Mapas Mentais às vezes se tornam bastante complexos quando se espalham pela página. As Leis foram concebidas para ajudar a melhorar a clareza deles em todos os aspectos e, assim, aumentar o impacto deles sobre o seu cérebro, bem como sobre o cérebro de outras pessoas. Para entender melhor por que isso acontece, examinemos de modo um pouco mais detalhado os elementos fundamentais, além de algumas outras considerações que lhes dizem respeito.

Como as Leis moldam um Mapa Mental

A maneira mais fácil de explorar os efeitos e a utilidade das Leis é colocá-las em prática, criando um Mapa Mental. Primeiro, é preciso que você tenha compreendido plenamente os aspectos básicos do Mapeamento Mental, memorizando as sete etapas delineadas no Capítulo 1 (ver p. 28). Então estará pronto para aplicar as Leis a um Mapa Mental sobre um assunto de sua escolha. Por que não tentar criar um agora mesmo, à medida que vai lendo as páginas a seguir?

No Capítulo 1, usei o exemplo de Shakespeare para percorrer com você cada passo do caminho. Neste exercício, quero que antes de qualquer coisa você reflita sobre o problema ou tema que gostaria de mapear. (Se precisar de inspiração, veja o exercício "Torne seus Pensamentos Visíveis", na p. 73.)

JUNTE SEUS RECURSOS

Depois de escolher o tema, antes de começar a trabalhar com o Mapa Mental em si, junte quaisquer outros materiais, elementos de pesquisas ou informações adicionais de que precise, para que tenha tudo à mão.

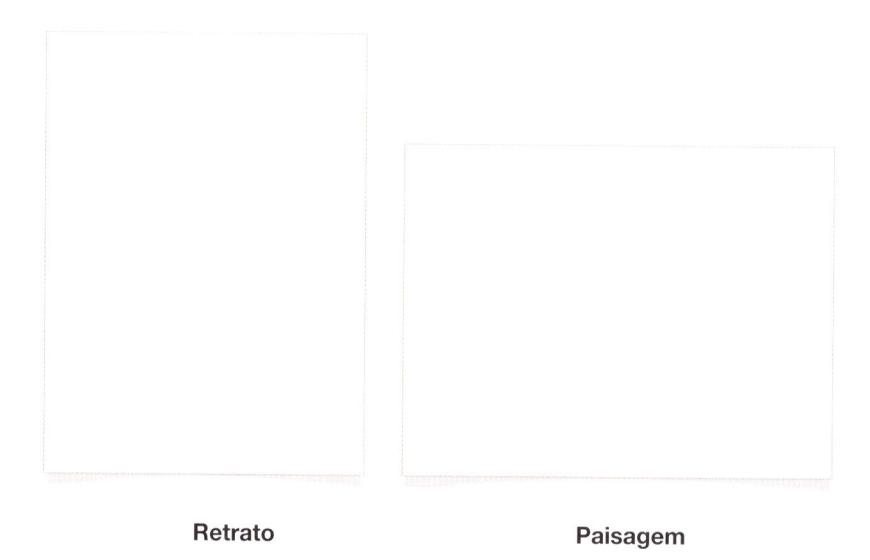

Retrato   **Paisagem**

Se quiser, por exemplo, usar um Mapa Mental para fazer anotações sobre um texto que está estudando, tenha o livro à mão para que possa consultá-lo enquanto cria seu Mapa Mental.

Para impedir que o Mapa Mental fique congestionado, especialmente à medida que se irradia na direção das margens do papel, trabalhe com uma folha grande em branco. É importante que o papel seja branco e não tenha nenhuma linha ou decoração que o distraia de seu processo criativo. Sempre posicione essa folha na horizontal, em formato paisagem, pois terá assim mais liberdade e mais espaço para criar seu Mapa Mental do que se ela estiver em posição retrato ou vertical. Além disso, as informações num Mapa Mental horizontal são mais fáceis de absorver num só olhar, pois você pode varrer toda a página com o olhar de forma não linear, irradiando-se a partir do centro, em vez de ler a página da esquerda para a direita, da esquerda para a direita, da esquerda para a direita – como se assistisse a um jogo de tênis e acabasse com torcicolo – e de cima para baixo como geralmente fazemos com os textos.

Coloque o papel numa superfície plana ou elevada à sua frente ou, se quiser, pregue-o na parede e trabalhe em pé. Uma superfície elevada, como uma prancheta de arquiteto, pode melhorar sua postura e lhe dar uma perspectiva melhor. Ou desenhe seu Mapa Mental sentado no chão, se isso lhe for mais confortável. Alguns artistas, como a pintora e gravurista britânica Paula Rego, nascida em Portugal, às vezes se sentam no chão para pintar e desenhar, pois essa abordagem aparentemente infantil pode liberar sua criatividade.

Você pode fazer o Mapa Mental em qualquer lugar e em qualquer posição, sobretudo se for praticante de yoga, ginasta, dançarina ou uma criança pequena. Pode criar um Mapa Mental em sua posição de meditação, por exemplo, pois os Mapas Mentais ajudam a estabilizar e equilibrar os pensamentos na medida em que sincronizam o funcionamento dos dois hemisférios do cérebro. Muita gente, em especial crianças, os criam deitadas de bruços no chão e apoiando a cabeça com uma das mãos.

Mas não há a menor necessidade de virar um contorcionista! Deixe o seu Mapa Mental tão reto quanto possível, com as ramificações tão perto da horizontal quanto possível, o que tornará o Mapa Mental muito mais fácil de ler e memorizar. À medida que escreve e desenha, deixe que sua mão passeie pelo papel em vez de girar o próprio papel.

Para aumentar o apelo visual e o impacto do seu Mapa Mental, junte algumas canetinhas com que seja fácil desenhar e que tenham pontas de diversas espessuras, de bem fina à de um marcador de texto, tudo isso a fim de variar e robustecer o código de cores do seu Mapa Mental e melhorar o apelo visual à memória. (Lembre-se do efeito Von Restorff, discutido no Capítulo 1, p. 40.)

Crie um kit portátil para fazer Mapas Mentais, com papel em branco e canetas coloridas, e o leve com você para todo lugar. Assim, você nunca se verá obrigado a usar papel pautado e uma caneta esferográfica.

Se estiver numa reunião de negócios, você pode criar um rascunho de Mapa Mental em preto e branco e depois colori-lo ou redesenhá-lo completamente num momento posterior. Por mais brilhante que seja o seu Mapa Mental, o melhor é sempre revisá-lo assim que ele estiver pronto. Por isso, colorir um rascunho em preto e branco é uma boa prática. A cor, no entanto, é um elemento fundamental para promover a criatividade; por isso, se você criar seu Mapa Mental inicialmente em preto e branco, estará limitando radicalmente sua capacidade de gerar novas ideias.

ESCOLHA A IMAGEM CENTRAL

Quando tiver um tema em mente, comece a desenhar uma imagem central no meio do papel, usando dimensões, seu potencial expressivo e pelo menos três cores para torná-la visualmente atraente e fácil de lembrar. Pense em como simbolizar seu tema de maneira tão interessante e imaginativa quanto possível. Se uma determinada palavra for absolutamente essencial para o seu Mapa Mental, converta a própria palavra numa imagem, usando cores e dimensões para aumentar seu apelo visual. Uma imagem central dinâmica servirá automaticamente de foco para o olhar e o cérebro, desencadeando numerosas associações.

O que você quer que seu Mapa Mental lhe revele? Mantenha esse objetivo em mente a cada passo.

ESTABELEÇA OBJETIVOS E IDEIAS DE ORDENAÇÃO BÁSICAS

As categorias principais, que se irradiam em ramificações a partir da imagem central, são chamadas Ideias de Ordenação Básicas (IOBs) e constituem a estrutura essencial do Mapa Mental.

Um conjunto forte de IOBs dará a seu Mapa Mental um bom começo em matéria de criatividade: identificando suas IOBs e ordenando-as de maneira visualmente significativa, você poderá ver com mais clareza de que modo outras ideias e conceitos se relacionam com o todo e se encaixam na hierarquia de ideias de seu Mapa Mental.

Ao começar seu Mapa Mental, considere cuidadosamente seus objetivos:

- **De quais informações ou conhecimento você precisa?**
- **Quais são as sete categorias mais importantes no assunto considerado?**
- **Se isto fosse um livro, como se chamariam os capítulos? Quais seriam suas lições e temas?**
- **Quais perguntas você precisa fazer? (Partículas como "O quê?", "Onde?", "Quem?", "Como?", "Qual?", "Quando?" podem ser muito úteis como sub-ramificações num Mapa Mental.)**
- **Em quais subcategorias você pode dividir seu tópico?**

Suas IOBs também podem tratar das seguintes considerações:

- **Estrutura – a forma das coisas.**
- **Função – para que servem as coisas e o que elas fazem.**
- **Propriedades – as características das coisas.**
- **Processos – como as coisas funcionam.**
- **Avaliação – o quão benéficas são as coisas.**
- **Definições – o que as coisas significam.**
- **Classificação – como as coisas se relacionam com outras coisas.**
- **História – a sequência cronológica dos acontecimentos.**
- **Personalidades – papéis e características das pessoas.**

Para começar, você pode anotar as primeiras dez palavras ou expressões que lhe vêm à mente e depois pode agrupá-las sob categorias genéricas para formar suas principais ramificações radiantes.

RAMIFICAÇÕES

Como sugeri no Capítulo 1, as ramificações mais próximas da imagem central devem ser mais grossas para que seu cérebro perceba melhor a importância delas, e as Ideias de Ordenação Básicas (IOB) devem ser escritas acima delas. Quaisquer sub-ramificações que nasçam de uma ramificação principal devem conter informações que apoiem aquela IOB. Os conceitos mais gerais (inclusivos) tendem a situar-se mais próximos da imagem central, ao passo que os menos gerais (mais exclusivos ou específicos) aparecem nas sub-ramificações, mais longe do centro do Mapa Mental.

Se o seu Mapa Mental ainda estiver num estágio exploratório, você talvez descubra que algumas ideias periféricas são mais importantes do que as que você colocou inicialmente no centro. Quando isso acontecer, apenas engrosse as ramificações exteriores na medida do necessário, acrescentando assim outro aspecto interessante a seu Mapa Mental.

As ramificações devem todas se expandir de maneira orgânica, ondulante e fluente a fim de aumentar seu apelo visual. Além disso, se as ramificações forem curvas e se irradiarem organicamente, cada uma delas terá uma forma única que poderá ser usada para ativar ainda mais a sua memorização e lembrança das informações nelas contidas.

EXPRESSE-SE POR MEIO DE IMAGENS

Para obter o máximo impacto visual e a máxima inspiração criativa da sua atividade de Mapeamento Mental, e ainda se divertir durante esse processo, use imagens sempre que possível (como as palavras, também elas devem estar colocadas cada qual em sua própria ramificação). Se você detestava a aula de artes na escola, não se preocupe: ninguém vai julgar sua capacidade artística. As imagens que fazem parte do seu Mapa Mental não precisam de maneira alguma ser obras-primas da pintura: esboços descritivos rápidos, desenhos, símbolos e rabiscos – tudo isso funciona. Na verdade, o melhor é que você realmente não faça questão de criar a imagem perfeita. O Mapeamento Mental exige que você ponha as ideias no papel rapidamente; assim, conceba suas ilustrações como uma espécie de taquigrafia que represente a essência de seus pensamentos mais profundos.

Ao passo que a tomada de notas lineares usa apenas três habilidades básicas – reconhecimento de padrões lineares, símbolos e análise –, a criação de imagens envolve uma larga gama de habilidades corticais, desde a imaginação, a lógica e a consciência espacial até o uso de cores, formas, linhas, dimensões de padrões visuais.

O uso de imagens no Mapeamento Mental tem outro benefício mais amplo: ajudará a melhorar sua faculdade de percepção visual no cotidiano. Qualquer que seja o seu nível de habilidade artística, qualquer tentativa de desenhar o encorajará a se concentrar com mais força na vida real para obter inspiração, e você, assim, tomará mais consciência do mundo ao seu redor.

Por fim, o Mapa Mental não apenas faz uso de imagens; ele próprio é uma imagem! É muito mais fácil você imaginar um Mapa Mental do que um trecho de texto. Um estudo sobre o reconhecimento de imagens, realizado pelo professor Ralph Haber em 1970, constatou que os seres humanos têm uma memória quase fotográfica para reconhecer imagens, de modo que estas são excelentes auxílios para a memória. Uma das incríveis constatações de Haber foi a de que o ser humano médio, caso 10 mil fotografias lhe sejam mostradas, é capaz de se lembrar de mais de 98% delas.

Pense que, quando você completar seus primeiros 100 Mapas Mentais, o mais provável é que se lembre dos 100 – um índice de 100% de lembrança. Pense agora nos seus primeiros mil Mapas Mentais! Ou, ainda, pense em completar 10 mil Mapas Mentais para os 10 mil livros que você já estudou: mesmo que você só se lembre de 98%, isso não seria incrível? O Mapeamento Mental constitui um caminho relativamente fácil para que você se torne um gênio entre os gênios! Seus primeiros 100 Mapas Mentais atuarão como um batalhão de soldados no combate contra a ignorância.

Suas imagens devem ser tão claras quanto possível. Quanto maior a clareza do seu Mapa Mental, mais ele parecerá elegante e atraente. Uma imagem clara produzirá uma resposta clara. A clareza purificará seu olhar e o ajudará a ver o mundo de modo mais semelhante a uma criança ou um artista. Seus poderes de percepção aumentarão.

BRINQUE COM AS PALAVRAS

Para aumentar a clareza, o impacto e a liberdade, lembre-se de usar somente uma palavra-chave em cada ramificação de seu Mapa Mental. Uma única palavra-chave é bem mais fácil de lembrar que uma expressão, e tenderá a se alojar em sua memória. Como uma pedrinha jogada num lago, ela gerará ondas de associações que estimularão seu pensamento. Além disso, concentrando-se numa única palavra por ramificação, você será obrigado a deliberar para escolher com precisão a palavra que melhor representa sua ideia. Para tanto, terá de ativar suas faculdades de discriminação e análise; e este processo geralmente exige um grau de concentração que falta na tomada de notas linear, a qual, em comparação, pode ser uma prática muito mais passiva e improdutiva.

Cada palavra-chave deve aninhar-se sobre uma ramificação que tenha o mesmo tamanho que ela. Isso lhe permitirá colocar várias palavras próximas umas das outras em seu Mapa Mental, o que, por sua vez, o estimulará a descobrir um número ainda maior de associações à medida que as palavras forem "colidindo" entre si. Também deixará o seu Mapa Mental menos congestionado, permitindo que você inclua nele ainda mais informações.

Escreva as palavras em letras maiúsculas para lhes dar definição e facilitar em sua mente a visualização delas. Mantendo em mente a hierarquia de ideias do seu Mapa Mental, você pode usar letras maiúsculas e minúsculas nas sub-ramificações para demonstrar a importância relativa das palavras.

Para destacar os elementos mais importantes do seu Mapa Mental e facilitar a memorização deles, escreva as palavras a eles associadas em

DESENVOLVA A SINESTESIA

A palavra "sinestesia" se refere a um fenômeno de percepção em que uma reação é provocada num sentido ou numa parte do corpo por meio da estimulação de outro sentido ou outra parte do corpo. Uma pessoa com sinestesia pode, por exemplo, associar cada dia da semana com uma cor e uma textura diferentes: a terça-feira pode ser azul com a textura de um carpete macio, ao passo que o domingo pode ser amarelo com a textura de bolhas de sabão.

A sinestesia é descrita muitas vezes como um transtorno mental no qual a pessoa se confunde com suas percepções sensoriais. Minha opinião, no entanto, é que essa classificação é equivocada, pois uma sinestesia bem organizada é, na verdade, capaz de aumentar o poder do cérebro. O Mapa Mental pode ser encarado como uma ferramenta mental que funciona por meio da sinestesia organizada. De certo modo, é uma manifestação física e mental da nossa faculdade associativa. Por isso, vamos deixar de lado o medo da sinestesia. Quando estiver mapeando a sua mente, use a sinestesia, envolvendo os cinco sentidos em suas imagens: visão, olfato, audição, paladar e tato. Pense também no poder do movimento, que pode ser sugerido pela forma orgânica das ramificações, e considere de quais outras maneiras ele pode se manifestar num Mapa Mental.

TORNE-SE UM CRIADOR DE CÓDIGOS

Já vimos que a cor é um dos instrumentos mais poderosos para aumentar a memória e a criatividade. A fim de dar ainda mais impacto ao uso da cor, crie seus próprios códigos de cores, associando cores específicas às suas IOBs. Um uso cuidadoso e ponderado dos códigos de cores ajudará você a acessar com mais rapidez as informações contidas em seu Mapa Mental, a melhorar sua memorização e a aumentar o número e a amplitude de suas ideias criativas.

Imagine que você esteja, por exemplo, criando um Mapa Mental dos *Wu Xing*, os cinco elementos da filosofia chinesa. Se refletir sobre quais são as cores mais adequadas, você concluirá que deve colorir a ramificação principal da Madeira em verde, a do Fogo em laranja, a da Terra em marrom, a do Metal em prateado e a da Água em azul.

Além de usar códigos de cores nas ramificações principais, você pode criar outros códigos para engendrar conexões instantâneas entre diferentes áreas do seu Mapa Mental. Esses códigos podem ser simples, tomando a forma de cruzinhas e sinais de visto, por exemplo; ou de sublinhados e formas como círculos, triângulos e quadrados colocados cuidadosamente em volta do seu Mapa Mental; ou podem ser elementos mais elaborados – desenhados até em três dimensões, por exemplo. Pense nos símbolos tradicionalmente usados na tipografia nas chamadas de notas de rodapé e considere-os como protótipos dos símbolos que você pode inventar. E lembre-se do Sistema Maior que mencionei brevemente na Introdução, que usa um código para converter números em sons e estes em palavras.

Como as chamadas de nota de rodapé, você pode usar os códigos para fazer remissões a referências bibliográficas ou para representar elementos particulares, tais como nomes, datas ou eventos que apareçam com frequência em suas anotações. Quaisquer que sejam os códigos que você cria, eles ajudarão a reforçar a categorização e a hierarquização das ideias em seu Mapa Mental.

Quanto maior o apelo visual do seu Mapa Mental, melhores serão os resultados.

ESTABELEÇA CONEXÕES

Além dos códigos, você pode usar setas e ramificações de interconexão para ligar áreas e ramificações separadas em seu Mapa Mental, mostrando como conceitos aparentemente isolados se relacionam uns com os outros. Dessa maneira, também as ramificações e setas poderão ajudar seu cérebro a criar conexões entre ideias. Obedecendo aos princípios de uso de imagens no Mapa Mental, as ramificações de interconexão podem tomar a forma de curvas, círculos, elos e correntes ou quaisquer outras figuras que despertem sua imaginação.

As setas de relação direcionarão automaticamente o seu olhar para ligar uma parte do Mapa Mental a outra; assim, estimulam a mente a seguir o olhar e dão um direcionamento espacial a suas ideias, promovendo um pensamento divergente e altamente criativo. Como as ramificações de interconexão, as setas podem ter diferentes tamanhos, formas e dimensões. Também podem ter múltiplas pontas, ligando várias ramificações diferentes entre si.

USE DELIMITAÇÕES E AGRUPAMENTOS

Inventei as Notas de Padrão Cerebral nas décadas de 1950 e 1960, e elas foram as precursoras do Mapa Mental propriamente dito. Aparece-ram na série *Use Your Head*, que apresentei na BBC TV. Embora as Notas de Padrão Cerebral fizessem uso de palavras e não de imagens, também usavam ramificações e cores: nelas, eu instintivamente circun-dava várias ramificações e suas sub-ramificações com delimitações co-loridas. Essas delimitações podiam tomar a forma de uma linha ondulada ou um balão semelhante a uma nuvem e agrupavam um conjunto de ideias associadas a determinado tópico, de forma que se tornasse mais fácil lembrar essas ideias e comunicá-las às outras pessoas.

Mal sabia eu na época, mas essa técnica é semelhante à técnica do agrupamento (*chunking*), uma técnica mnemônica bem conhecida e descrita pela primeira vez pelo psicólogo americano George Armitage Miller (1920-2012) em 1956. O termo nasceu de um artigo famoso de autoria de Miller, "The Magical Number Seven, Plus or Minus Two" (O Mágico Número Sete, Mais ou Menos Dois), no qual ele explicava que a memória de curto prazo só é capaz de armazenar de modo efi-ciente sete itens de informação. Miller descreveu então o modo pelo qual uma técnica como o agrupamento pode ser usado para aumentar o tempo de fixação das informações na memória.

À medida que desenvolvia o conceito do Mapa Mental, percebi que o agrupamento pode desempenhar um papel útil em certas circunstâncias. No Mapeamento Mental, o contorno de uma delimitação cria por si só uma forma única que é ela própria passível de ser memorizada, além de agrupar informações de maneira a facilitar o trabalho da memória de curto prazo. As delimitações e agrupamentos podem ser especial-mente úteis na criação de Mapas Mentais intricados, que cobrem uma variedade de tópicos com muitos níveis diferentes de informação.

No entanto, as delimitações e agrupamentos devem ser aplicados com sensatez, pois existe aí um equilíbrio delicado que deve ser levado em consideração. Quando o Mapa Mental ainda está sendo elaborado,

Torne seus pensamentos visíveis

Está sentindo que empacou? Escolha um destes tópicos como seu conceito central:

felicidade　**paz**　**trabalho**　**sucesso**

Agora que você já tem em mãos um kit com o qual pode começar a fazer Mapas Mentais, chegou a hora de praticar. Quanto mais Mapas Mentais você fizer, melhor! Consulte sempre as Leis enquanto os elabora.

Depois de completar seu Mapa Mental, dê uma boa olhada nele. O que há nele que o agrada? O que precisaria de um pouco mais de atenção? Faça um Mapa Mental de suas próprias respostas e reações.

Agora, escolha outro tema e comece de novo.

todas as ramificações e suas extensões devem permanecer "abertas" e livres para formar novas conexões. Caso uma ramificação seja circundada muito cedo por uma linha de delimitação, a pessoa que elabora o Mapa Mental poderá estar se colocando dentro de uma prisão restritiva.

Não deixe que seu pensamento fique confinado dentro de uma prisão linear. O bom usuário de Mapas Mentais permanece sempre livre.

ESPAÇO PARA RESPIRAR

Já vimos que o tamanho de uma palavra ou imagem é usado para denotar sua importância na hierarquia do Mapa Mental.

Quanto maior o item, maior o seu impacto visual e maior a chance de você memorizá-lo.

O espaço entre os elementos que compõem o Mapa Mental pode ser tão importante quanto os próprios elementos. A quantidade certa de espaço ao redor de cada item dará clareza e estrutura a seu Mapa Mental e aumentará seu apelo visual – e isso, por sua vez, significa que você terá maior probabilidade de absorver as informações nele contidas.

O DESENVOLVIMENTO DA PESSOA QUE ELABORA MAPAS MENTAIS

A maioria das pessoas que se tornam proficientes na elaboração de Mapas Mentais passam por três etapas em sua carreira:

> **Aceitação:** Antes de começar a fazer Mapas Mentais, deixe de lado quaisquer preconcepções sobre sua inteligência, sua imaginação ou sua capacidade artística. Siga as Leis do Mapeamento Mental até se familiarizar com elas por completo. Você descobrirá ainda mais coisas sobre a importância das imagens e da cor estudando as obras de artistas como Leonardo da Vinci e Lorraine Gill, que influenciaram o desenvolvimento do Mapeamento Mental.

Aplicação: Depois de compreender as Leis, aplique-as, criando o maior número possível de Mapas Mentais. Use os Mapas Mentais sempre que precisar tomar notas, por exemplo, ou quando precisar tomar decisões ou adquirir uma nova habilidade. Neste capítulo, você encontrará várias sugestões de aplicações práticas. Experimente cada uma delas e pense em outras maneiras pelas quais o Mapeamento Mental pode melhorar e enriquecer sua vida.

> **Adaptação:** Com o tempo, você desenvolverá um estilo pessoal de Mapeamento Mental. Depois de criar centenas de Mapas Mentais, estará pronto para fazer experiências, adaptando a forma do Mapa Mental e conduzindo-a um passo além.

Um diário

Mantenha um diário do seu trabalho com Mapas Mentais para que essa atividade se torne parte da sua vida cotidiana. Use, por exemplo, um caderno de exercícios ou um fichário. O único requisito é que o papel não tenha linhas nem quaisquer outros sinais gráficos, a fim de que seu cérebro tenha liberdade para pensar criativamente, de forma desinibida e não linear. Coloque o seu primeiro Mapa Mental num lugar de honra, na primeira página do seu diário. (Cole os Mapas Mentais no diário, se preciso for.) O diário pode ser usado de modo produtivo ao lado de agendas diárias, semanais e mensais feitas na forma de Mapas Mentais (ver o Capítulo 5, p. 164). Ele permitirá que você veja como a sua habilidade na elaboração de Mapas Mentais melhora com o tempo. Será também um armazém de ideias, para que você possa perceber com um só olhar de que maneira seu pensamento está evoluindo. E será um recurso de fácil acesso no qual você poderá mergulhar quando precisar de inspiração.

As aplicações fundamentais dos Mapas Mentais

Quando desenvolvi o Mapa Mental, a princípio não percebi o quanto essa ferramenta mental é adaptável. Para começar, eu tinha a intenção de encontrar um meio harmônico de exteriorizar meus pensamentos – materializar fora de mim o que estava dentro do funcionamento do meu cérebro. Como eu disse, levei algumas décadas para fazer isso, e nesse processo surgiu uma arquitetura de pensamento que com o tempo evoluiu e se transformou no Mapa Mental. Quando enfim refinei o Mapa Mental, meu fascínio pela arte da memória continuava forte e eu usava o Mapeamento Mental sobretudo como um dispositivo mnemônico. A grande inovação ocorreu quando meu irmão, o professor universitário Barry Buzan, me desafiou a reformular toda a maneira pela qual eu abordava o Mapeamento Mental. Ele me perguntou por que eu havia desenvolvido o Mapa Mental apenas para auxiliar na memória e não em vista de outras formas de pensamento, como a criatividade. No começo, eu fiz pouco caso da sugestão dele. Mas pensei nela durante a noite e no dia seguinte percebi que meu irmão tinha razão! Os Mapas Mentais podem ser naturalmente aplicados a todas as áreas da vida.

FAÇA UM MAPA MENTAL DAS PRINCIPAIS APLICAÇÕES DOS MAPAS MENTAIS!

Mais à frente neste capítulo, vamos examinar de modo mais detalhado as várias e empolgantes maneiras pelas quais o Mapeamento Mental pode ser utilizado. Mas, antes de tratar dos detalhes, vamos nos concentrar em algumas das principais aplicações do Mapeamento Mental – e por que não fazer isso usando um Mapa Mental?

Etapa 1

Para mapear mentalmente as seis principais aplicações dos Mapas Mentais, comece com a imagem central. Nessa imagem central, a palavra "APLICAÇÕES" está rodeada pelo contorno de uma chave, para que a palavra em si seja mais fácil de memorizar.

Etapa 2

Uma ramificação sai da imagem central. Neste Mapa Mental, ela leva o rótulo de "LAR" e a cor laranja (da lareira e do lar). A ramificação principal começa a dar sub-ramificações. LAR, por exemplo, está associado ao amor, à família, aos amigos e aos passatempos.

Etapa 3

Seguem-se cinco outras ramificações correspondentes a TRABALHO, EDUCAÇÃO, CRIATIVIDADE, BEM-ESTAR E MEMÓRIA. Algumas delas têm pequenos símbolos correlatos ao lado.

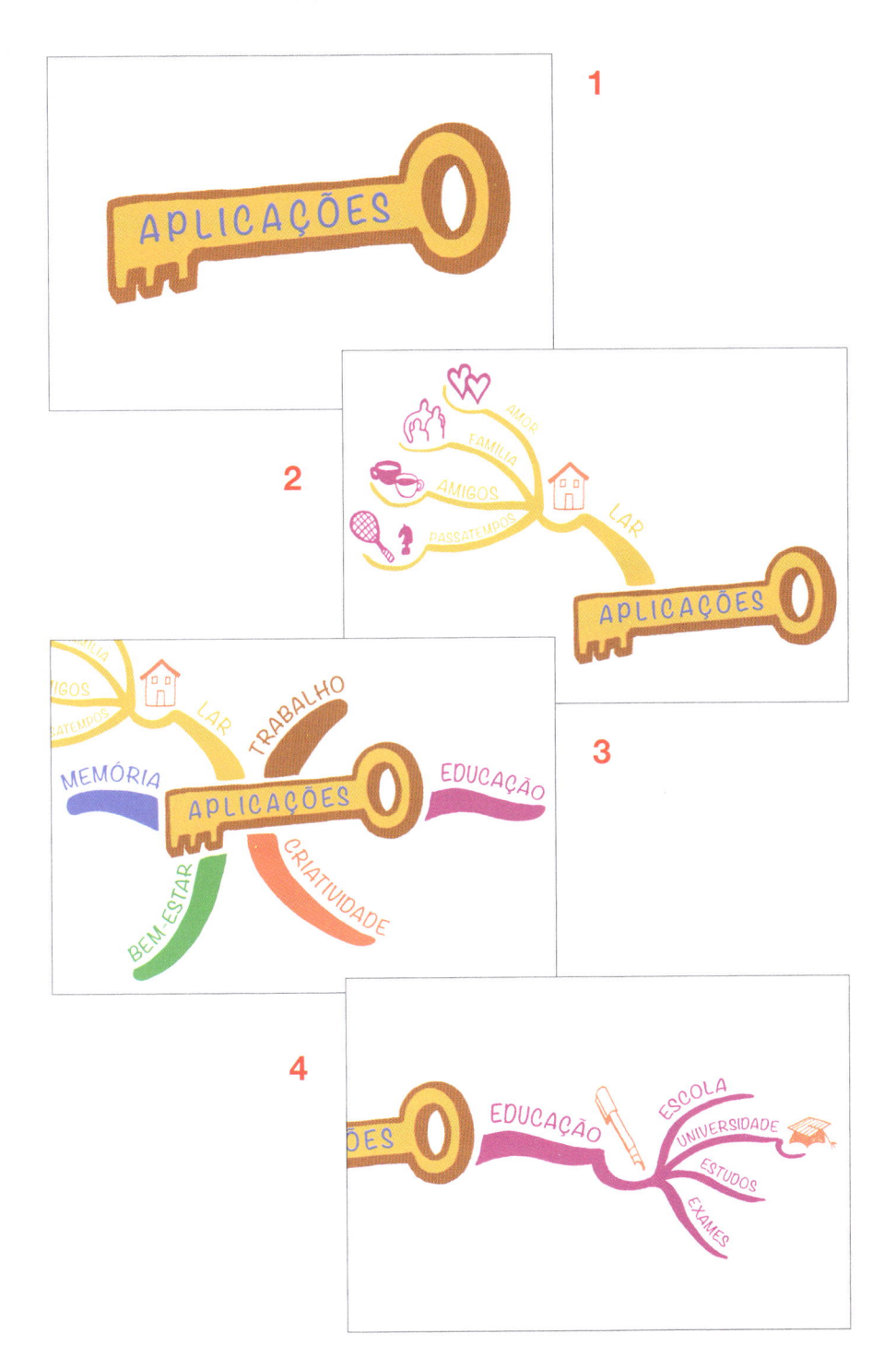

Etapa 4

Essas ramificações principais também dão origem a sub-ramificações. EDUCAÇÃO, por exemplo, está associada a escola, universidade, estudos e exames.

Etapa 5

O Mapa Mental completo segue as Leis, com uma única palavra sobre cada ramificação, acompanhada de muita diversão e imagens fáceis de lembrar.

Embora este Mapa Mental contemple as seis principais aplicações do Mapeamento Mental, pense em quais seriam os seis aspectos que VOCÊ escolheria se fosse fazer um Mapa Mental representando as seis áreas principais em sua vida.

Este Mapa Mental sobre as principais aplicações deve ser visto como um embrião a partir do qual você pode explorar o incrível universo da sua vida. Essas seis primeiras aplicações são diferentes planetas, e seu Mapa Mental é uma nave espacial que lhe permitirá visitar esses seis pontos de aterrissagem, um por um. Uma vez que um deles tenha sido explorado ou completado – talvez quando você tiver atingido uma meta ou se tornado campeão em seu campo –, o Mapeamento Mental o ajudará a viajar rumo a novos destinos para descobrir novas experiências e enfrentar novos desafios.

Você pode usar um Mapa Mental para cada aspecto da sua vida: negócios ou lazer, estudo ou desenvolvimento pessoal. Pode, por exemplo, mapear as melhores conversas que já teve ou criar um Mapa Mental para os sonhos que têm à noite, e depois usar esse Mapa Mental para transformar esses sonhos em contos ou poemas.

Nas páginas a seguir, exploraremos cada uma das aplicações fundamentais dos Mapas Mentais – lar, trabalho, educação, criatividade, bem-estar e memória –, sugerindo em cada caso diversas maneiras pelas quais o Mapeamento Mental pode ser usado para que você atinja seus objetivos em cada área da vida. Incluí alguns exemplos de Mapas Mentais para servir de inspiração e talvez de ponto de partida, mas é claro que, visto que os Mapas Mentais de cada pessoa são dela e só dela, seus Mapas Mentais provavelmente serão muito diferentes. Usos mais avançados dos Mapas Mentais para cada uma das aplicações fundamentais serão sugeridos ao longo do Capítulo 5.

APLICAÇÃO FUNDAMENTAL 1: LAR

Muitos de nós assinamos embaixo do velho ditado: o lar é onde está o coração. O lar nos proporciona um refúgio em relação ao mundo e um lugar onde podemos expressar nossa individualidade e viver alguns de nossos relacionamentos mais íntimos. É tanto um porto seguro quanto o cadinho ou crisol de um alquimista – o local onde criamos memórias importantes e experimentamos acontecimentos que se tornam marcos em nossa vida, como o nascimento, a infância, o casamento, a paternidade/maternidade e a aposentadoria. É também o local onde acalentamos nossos sonhos e buscamos nossas ambições pessoais – e, além disso, onde nos divertimos e damos festas!

ALCANCE UM OBJETIVO PESSOAL

Pare um pouco e reflita sobre as áreas da sua vida cotidiana que são mais importantes para você. Agora pense em quais são os objetivos que você quer atingir. O Mapa Mental *na página ao lado* versa sobre a preparação para uma maratona, mas seus princípios subjacentes podem ser adaptados para ajudar você a alcançar qualquer objetivo pessoal. As Ideias de Ordenação Básicas (IOBs) refletem as principais preocupações do corredor de longa distância: treinamento, nutrição, equipamento, motivação e obstáculos. Usando esse Mapa Mental como fonte de inspiração, faça um Mapa Mental para um objetivo seu.

Desenhe uma imagem central que represente o que você quer alcançar. Depois, reflita sobre essa imagem central e crie ramificações de IOBs que tenham relação com ela. Essas IOBs podem dizer respeito às medidas práticas que você precisa tomar e às coisas que precisa adquirir, quer se trate de equipamentos ou de algo menos tangível, como coragem ou perseverança. A motivação é uma ramificação importante, pois continuar ativo é um elemento crucial para a realização de qualquer objetivo de longo prazo. Você pode explorar aí os benefícios que o sucesso lhe trará, quer tenham relação com a saúde, as finanças ou a autoestima, e anotar quem ou o que o apoiará em sua empreitada.

MAPA MENTAL PARA ALCANÇAR UM OBJETIVO PESSOAL: PREPARAR-SE PARA UMA MARATONA

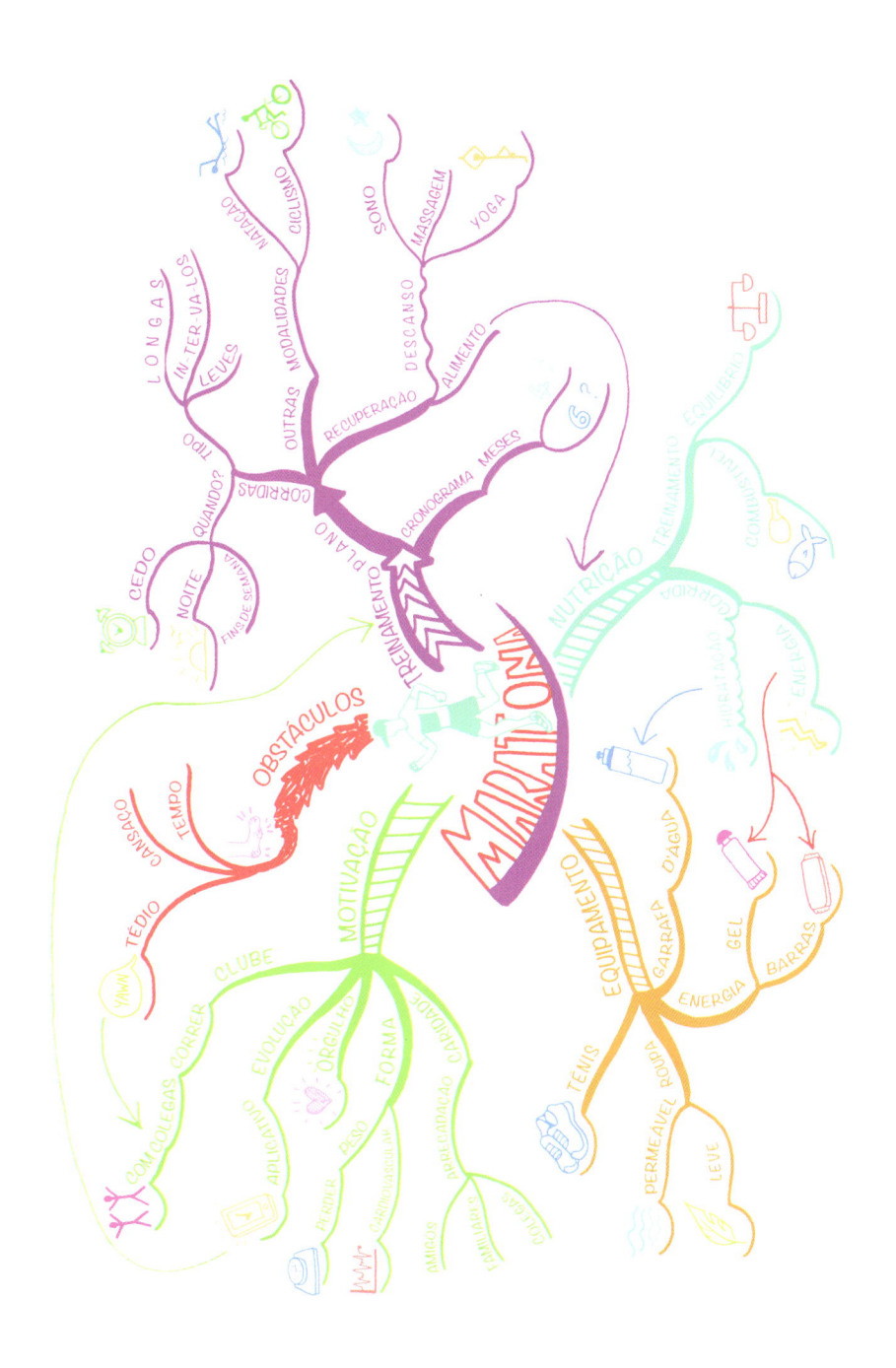

Pode reservar um ramo para os obstáculos, pois admitir a existência de todos os obstáculos possíveis é um bom ponto de partida para começar a lidar com eles. Suas sub-ramificações vão mergulhar mais fundo nesses temas, definindo detalhes como o prazo necessário para você alcançar o objetivo e exatamente o que você precisa fazer para chegar lá. Você poderá explorar os diferentes estágios de sua jornada com o nível de detalhamento que quiser neste Mapa Mental, ou talvez possa criar novos Mapas Mentais para explorar mais a fundo cada passo do caminho.

Se você tem a tendência de antepor as necessidades das outras pessoas às suas, é provável que o Mapeamento Mental para a realização de objetivos lhe seja especialmente útil. Talvez você queira muito correr uma maratona, mas sempre acaba se vendo ocupado demais, correndo para atender aos outros – levando as crianças para os jogos de futebol, buscando sua companheira/o na academia – em vez de fazer você mesmo algum exercício (que dirá treinar para uma maratona!). Nesse caso, a criação de um Mapa Mental é um jeito excelente de garantir que seu objetivo se torne uma prioridade na rotina diária sua e da sua família. Pendure na parede seu Mapa Mental terminado para que você e todos os outros se lembrem do seu sonho ou ambição, e faça questão de que a busca de sonho realmente passe a fazer parte da sua vida cotidiana.

PLANEJE SUA SEMANA

Deixe de lado seus grandes objetivos de vida por um instante. O que você precisa fazer esta semana? Ou amanhã, ou mesmo hoje à tarde?

Os Mapas Mentais são ótimos para organizar e planejar. Em vez de clicar em datas individuais numa tela de computador, folhear uma agenda ou virar as páginas de um calendário, um Mapa Mental de suas atividades semanais permite que você digira de uma vez o que vem pela frente. Um homem prevenido vale por dois; assim, quando você vê com um olhar panorâmico o que a semana lhe reserva, pode se preparar e saber como investir seu tempo e energia do modo o mais produtivo possível.

MAPA MENTAL PARA PLANEJAR A SEMANA: SEMANA 26 – SEMANA DO ANIVERSÁRIO DE CASAMENTO

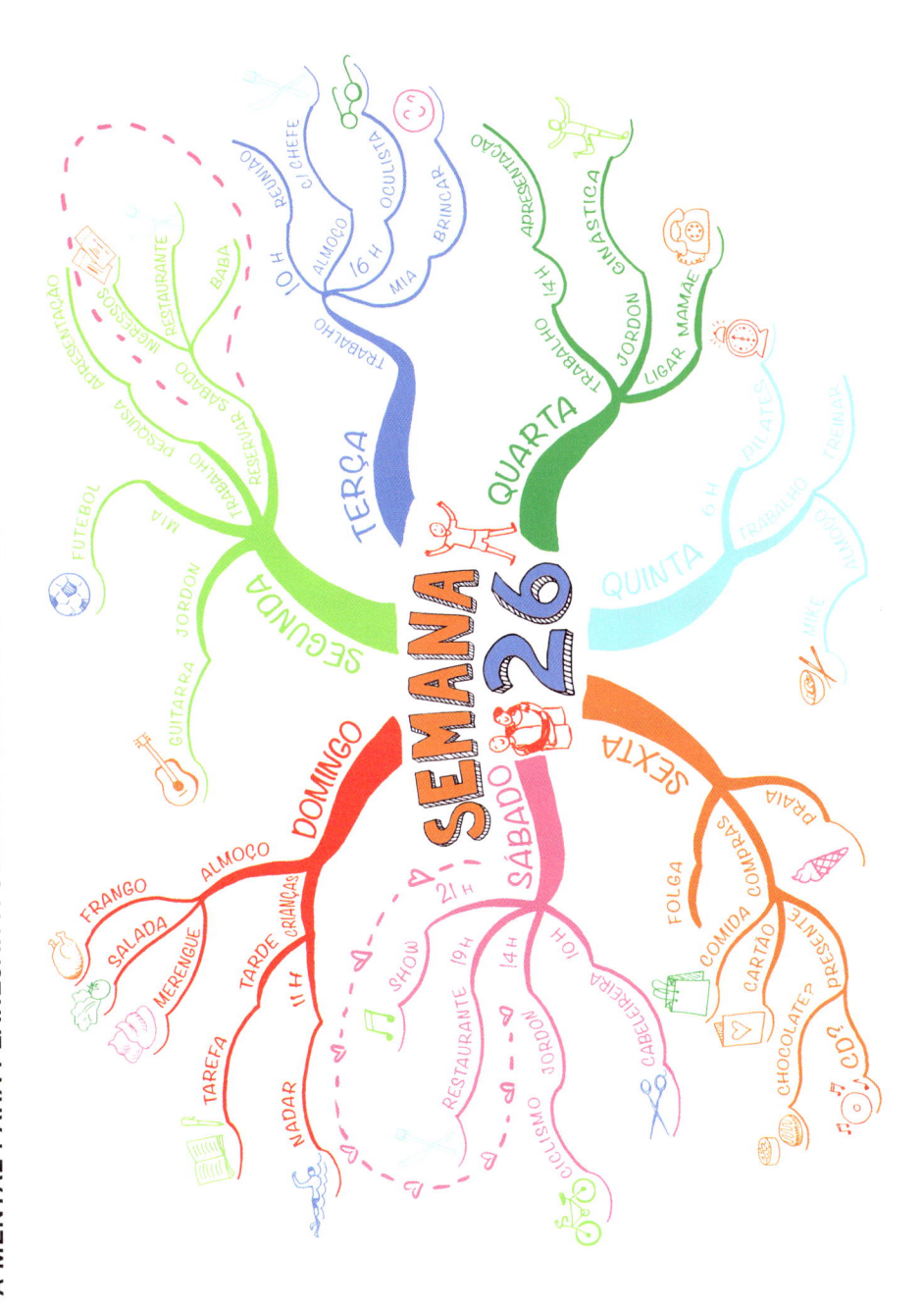

Escolha como imagem central um símbolo que represente seus pensamentos sobre a semana ou o aspecto mais importante dela. Ou desenhe apenas uma imagem da sua casa ou represente a data de algum modo, como uma versão 3D da "Semana XX" (no nosso exemplo, a Semana 26). Caminhando em sentido horário ao redor da imagem central, use cores diferentes para criar sete ramificações principais, uma para cada dia da semana. Escreva o nome do dia acima da ramificação e depois preencha as sub-ramificações com coisas que você gostaria de lembrar ou atividades programadas. Use setas para ligar atividades semelhantes em dias diferentes ou acrescente alguma forma de agrupamento caso haja um conjunto de atividades particularmente importante num dos dias.

No exemplo da página 83, a pessoa que fez o mapa está planejando uma maravilhosa comemoração de aniversário de casamento no sábado à noite. Assim, as imagens centrais são as de um casal apaixonado e uma criança animada (nessa semana as crianças também vão sair várias vezes para brincar). Para planejar a comemoração, é preciso mapear na segunda-feira a necessidade de reservar lugar no restaurante e comprar ingressos para assistir a um *show*, além de já deixar tudo combinado com a importantíssima babá. Os presentes e o cartão serão comprados na sexta-feira – com o Mapeamento Mental, você não corre o risco de esquecer um aniversário ou outra data comemorativa. Todos os outros eventos importantes da semana também foram colocados no Mapa Mental, desde reuniões e uma apresentação no trabalho até as atividades das crianças, passando pelas sessões de exercícios.

Talvez você considere útil usar o Mapa Mental da semana em conjunto com Mapas Mentais que planejam as atividades do dia e do mês (ver o Capítulo 5, p. 164), pois você poderá assim concentrar-se nos detalhes dos dias individuais além de ter uma perspectiva de períodos mais longos de tempo. Poderá, desse modo, ter mais controle sobre sua agenda, evitar marcar dois compromissos para a mesma hora e fugir de quaisquer surpresas desagradáveis, mantendo um equilíbrio saudável entre o trabalho, o descanso e a diversão.

PLANEJAR JUNTOS

Se você mora junto com outras pessoas, sejam da família ou apenas colegas, por que não criar um Mapa Mental conjunto onde vocês planejam suas atividades? Muitos de nós conhecemos as discordâncias e brigas que podem acontecer quando as diversas pessoas que moram numa casa querem fazer certas atividades ao mesmo tempo, ou quando há indivíduos que não cumprem sua parte nas tarefas da casa. Outro problema é quando os diferentes moradores da casa simplesmente não sabem o que os outros estão fazendo quando não estão juntos. A boa notícia é que um Mapa Mental pode remediar esses problemas e mudar para melhor o comportamento de todos, fazendo com que os moradores apreciem mais uns aos outros à medida que começam a compreender o quanto todos estão ocupados, ou simplesmente garantindo que todos realizem as tarefas desagradáveis, como levar o lixo para fora ou lavar a louça!

Como o planejamento pessoal da semana, o Mapa Mental de planejamento coletivo incluirá ramificações para todos os dias da semana que entra, com sub-ramificações que mostrem as diferentes atividades – e, coisa muito importante, tarefas domésticas! – programadas para cada dia. Você também pode usar um Mapa Mental deste tipo para encorajar todos a trabalhar em prol dos objetivos que escolheram, quer seja estudar violão 20 minutos por dia ou sair para correr três vezes por semana. Afixe o Mapa Mental de planejamento conjunto na porta da geladeira ou em algum outro lugar onde todos possam vê-lo e ele não seja ignorado.

**Os lares cujos moradores fazem
Mapas Mentais conjuntos são
mais saudáveis e mais felizes – e
ninguém fica no pé de ninguém!**

Planejar um aniversário de criança

Quem não gosta de uma boa festa? Já o planejamento da festa é coisa muito menos agradável – especialmente de uma festa de criança, pois

MAPA MENTAL PARA PLANEJAR UMA FESTA DE CRIANÇA

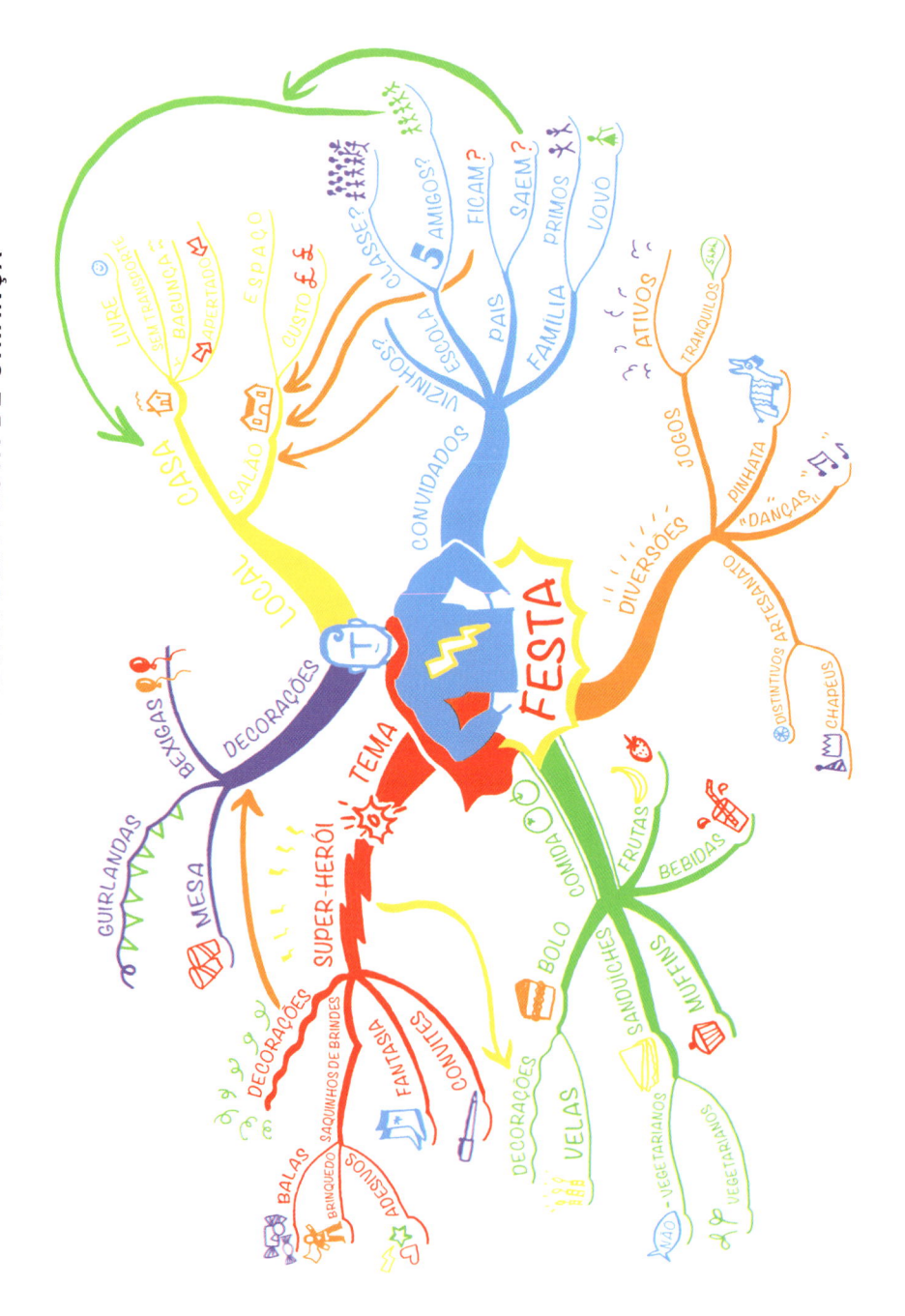

as expectativas em relação a essas festas parecem ter disparado nos últimos anos. Longe se vão os tempos em que podíamos servir aos pequenos gelatina e sorvete e deixá-los brincando entre si por algumas horas. Hoje, dar a festa de uma criança é como organizar uma manobra militar, cobrindo todas as bases e preparando-nos para todas as eventualidades. Felizmente, o Mapa Mental está à mão para ajudar. Neste Mapa Mental, usei o exemplo de uma festa de aniversário de criança com um tema de super-herói, mas é evidente que você pode usar o tema que quiser – ou convidar somente adultos, é claro!

A logística básica da maioria das festas é a mesma para crianças e adultos: depois de marcar a data, é preciso escolher um tema (se quiser) e um local, pesando considerações como o custo, o espaço e o transporte. Monte então a lista de convidados e planeje as diversões, a comida e a bebida e a decoração, explorando esses aspectos nas ramificações e sub-ramificações de seu Mapa Mental. Se a festa terá atrações especiais, como jogos, natação ou um mágico, também as inclua em seu Mapa Mental. Você pode ainda usar uma das ramificações para explorar como sua festa refletirá o tema, talvez por meio de roupas, decorações e lembrancinhas que as crianças levam para casa. Com um tema animador como uma festa de criança, você pode se divertir bastante criando o seu Mapa Mental, especialmente se a festa tiver um tema.

Encontrar o presente perfeito

Você já adiantou bastante o planejamento da festa e por isso tem tempo de sobra para comprar presentes. O Mapa Mental é um esquema ótimo para registrar de que seus familiares e amigos gostam e não gostam e ajudar a comprar presentes para eles. Se já aconteceu de você vagar perplexa por uma loja de departamentos agarrando um solitário par de meias ou uma cestinha abarrotada de presentes em potencial, sem ter a menor ideia de para quem dá-los, o mais provável é que considere muito útil um Mapa Mental que organize suas ideias.

Para criar seu Mapa Mental de presentes, desenhe uma imagem central inspiradora no centro de uma folha de papel colocada na horizontal. A imagem pode ser um pacote embrulhado e amarrado com um laço, ou uma estrela saindo de uma caixa, ou algo diferente, como um unicórnio com um chifre multicolorido que simbolize desejos se tornando realidade.

Use a imaginação para tornar sua imagem central interessante e vistosa, a fim de capturar o espírito da doação de presentes.

Agora crie ramificações principais codificadas por cores para cada pessoa que está em sua lista de compras. Crie sub-ramificações para o que essas pessoas gostam e não gostam. Para ilustrá-las, use não apenas palavras, mas também símbolos. Preencha as sub-ramificações com imagens divertidas que tenham a ver com a pessoa que deverá receber o presente.

Em seguida, crie sub-sub-ramificações para estimular ainda mais a imaginação e a inventividade. O que você compraria para aquela pessoa se dinheiro não fosse problema? Ou se não houvesse obstáculos geográficos a serem levados em consideração, ou obstáculos de qualquer tipo? Voltando à realidade, o que seria um equivalente divertido (e acessível)?

Depois de completar seu Mapa Mental, guarde-o junto à sua agenda anual, onde poderá consultá-lo sempre que estiver perto do aniversário de um amigo ou parente. Ou use-o como uma lista convencional na época do Natal, fazendo uma marquinha em cada ramificação depois de encontrar o presente perfeito para aquela pessoa.

Lembre-se: nunca risque nada num Mapa Mental!

Quando você risca um item de seu Mapa Mental, está obliterando algo que realizou e apagando uma memória de sua vida; em contraposição, uma página cheia de sinais de visto ou rostinhos sorridentes é um reconhecimento de suas realizações. Se estiver usando um Mapa Mental para comprar presentes ou planejar um evento, use sempre uma marquinha ou outro símbolo apropriado quando tiver encontrado o presente perfeito ou completado uma tarefa.

Planejar uma escapada romântica

Já aconteceu de você se apaixonar e querer fazer uma surpresa à pessoa amada? Ou talvez vocês já estejam juntos há anos e estejam procurando um jeito de reacender as chamas do romance? O que pode haver de melhor do que celebrar ou consolidar o relacionamento de vocês levando a pessoa amada para um lugar maravilhoso por alguns dias, onde vocês possam passar algum tempo juntos sem interrupções? Infelizmente, como as festas, o planejamento de uma escapada romântica às vezes é estressante, e as preocupações da organização podem tirar a graça da viagem antes mesmo de vocês partirem. Para que o tempo que vocês passarem juntos seja mais mágico que medonho, use um Mapa Mental para planejar todos os detalhes, desde onde ficar até como chegar lá, passando pelo que fazer.

Quer você vá levar a pessoa amada para passear na floresta, tomar um delicioso vinho junto à lareira ou dançar até de manhã numa praia exótica, use um Mapa Mental para acertar os detalhes. Na área do romance, o Mapa Mental pode atuar como uma varinha mágica, ajudando a fortalecer o encanto do amor – e a mantê-lo forte, pois nele a paixão e o impulso são moderados pela ponderação e a brincadeira.

Depois de voltar da viagem, se tudo der certo você poderá guardar o Mapa Mental como uma preciosa lembrança. Se, por outro lado, as coisas não correrem bem, talvez por motivos que fogem ao seu controle, você pode guardar o Mapa Mental para saber o que fazer de diferente na próxima vez (o que talvez até signifique viajar com outra pessoa...).

Melhorar um relacionamento difícil

Às vezes, apesar das melhores intenções, um relacionamento chega a um impasse. Não se trata aqui necessariamente de um relacionamento

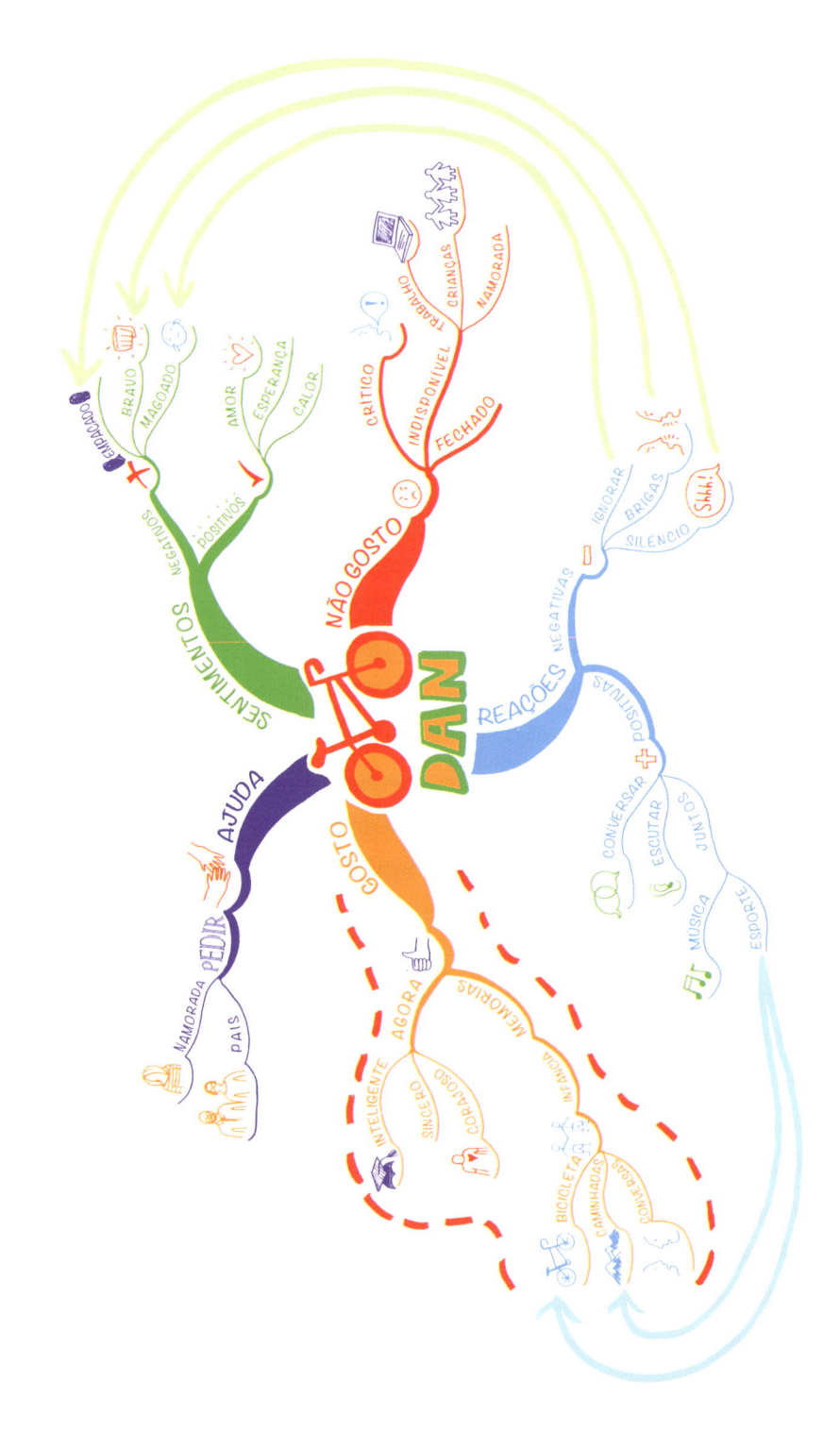

MAPA MENTAL PARA MELHORAR UM RELACIONAMENTO DIFÍCIL

romântico; pode tratar-se do relacionamento com o pai ou a mãe, um irmão, um colega ou um amigo. Quem quer que seja a fonte de sua infelicidade, as dificuldades de relacionamento são, em geral, deprimentes, e às vezes é muito difícil saber como melhorar as coisas ou reparar erros cometidos. Se você está com problemas num relacionamento, um Mapa Mental pode ajudá-lo a se distanciar um pouco da situação e encontrar um caminho; pode ajudar você a compreender a posição da outra pessoa e identificar os pontos onde você pode transigir. (Ver também o Capítulo 5, p. 169, para uma abordagem mais avançada da resolução de conflitos.)

Num Mapa Mental deste tipo, a ideia não é "fechar a cabeça", confirmar seus próprios preconceitos ou se firmar na sua posição, mas permanecer fiel aos princípios do Pensamento Radiante – e permitir que suas ideias se irradiem do mesmo modo. Para tanto, aconselho que, sempre que possível, você use termos neutros ou positivos em seu Mapa Mental. No exemplo *ao lado*, a pessoa que fez o Mapa Mental tem um problema com seu irmão Dan. Escolheu uma bicicleta como imagem central para representar as memórias positivas que tem de quando ia andar de bicicleta com Dan na infância. A primeira ramificação explora os sentimentos negativos e positivos que surgem quando a pessoa pensa em Dan. A segunda especifica o que a pessoa não gosta em Dan, ao passo que a terceira examina de modo mais detalhado as reações a Dan que ocorrem na pessoa que fez o mapa; assim, ela começa a entender como reagir a Dan da melhor maneira. A quarta ramificação, que acabou sendo a maior de todas, examina tudo aquilo que a pessoa ama em seu irmão, e a última ramificação explora para quem ele pode se voltar para dar apoio a suas tentativas de reconciliação. O interessante é que a namorada, inicialmente percebida como um problema (uma das razões pelas quais Dan está indisponível), se torna nessa ramificação uma potencial fonte de ajuda.

Seu Mapa Mental deve ser sincero, aberto e equilibrado. Identifique suas próprias emoções, mas permaneça receptivo: para cada emoção negativa em potencial, inclua uma emoção positiva. Se o processo o deixar chateado, faça uma pausa e retome o Mapa Mental quando estiver mais calmo. Quando o fizer, talvez perceba que o Mapa já revela inúmeras possibilidades que podem ajudá-lo a encontrar um caminho para sair dessa difícil situação.

APLICAÇÃO FUNDAMENTAL 2: TRABALHO

Segundo estatísticas recentes, o britânico médio passa o equivalente a doze anos inteiros no trabalho durante sua vida. Mais ainda: pesquisadores da London Metropolitan University descobriram que, desse período, quatro anos são passados falando no telefone. Um estudo da *Management Today* afirma que os trabalhadores do setor público podem passar quase dois anos de sua vida profissional em reuniões, e cerca de seis meses desse tempo serão desperdiçados em minúcias inúteis e discussões sem rumo...

Em face de fatos tão desencorajadores, como tornar mais produtiva e agradável nossa vida profissional? Usando Mapas Mentais, é claro!

Quer você esteja criando um Mapa Mental para fazer uma pesquisa ou gerir um projeto, aborde-o como se fosse um jogo e não uma tarefa desgastante, para garantir um resultado criativo em que todos saiam ganhando.

As páginas a seguir exploram alguns usos fundamentais dos Mapas Mentais num ambiente de negócios, desde a gestão do tempo até a redação de relatórios. Veja também o Capítulo 5 para aplicações mais avançadas do Mapeamento Mental no local de trabalho e em outros lugares.

Gestão do tempo

O Mapeamento Mental é uma ferramenta que serve para muitas coisas, e por isso é ideal também para ajudar você a fazer várias coisas ao mesmo tempo! Já vimos que o Mapa Mental pode ser muito útil para planejar sua semana (p. 82). Você se vê tão ocupado com as exigências cotidianas do trabalho que nunca tem tempo para planejar e estabelecer prioridades? Criar um Mapa Mental de trabalho no começo da semana, ou talvez no fim da semana anterior, é uma maneira excelente de obrigar-se a parar e reavaliar suas prioridades. Um Mapa Mental de gestão do tempo pode ser estruturado em torno dos dias da semana, destacando os prazos que precisam ser cumpridos e os eventos importantes; ou, talvez, as IOBs possam refletir os diversos projetos em que você está trabalhando, com sub-ramificações que explorem as principais prioridades de cada projeto na semana subsequente. Talvez pareça contraditório parar de trabalhar para fazer um Mapa Mental, mas o tempo que você investir para gerir seu tempo acabará fazendo com que, a longo prazo, você tenha mais tempo ainda!

Pesquisar um assunto

Se você trabalha num ambiente de escritório, o mais provável é que em algum momento terá de fazer pesquisa. O tema pode ser o bom desempenho em vendas, novos mercados a explorar ou novas abordagens mais econômicas para tarefas já existentes.

Ao usar um Mapa Mental para pesquisar um tópico, crie uma imagem central que defina o tema de modo sucinto e positivo. A primeira ramificação principal pode representar o ângulo pelo qual você pretende abordar o assunto, ao passo que a segunda pode listar os tipos de informações que você terá de pesquisar, tais como dados, opiniões, fatos concretos e outras pesquisas e análises já existentes. A terceira ramificação pode ter a ver com suas fontes, com sub-ramificações para fontes primárias e secundárias. A quarta ramificação seria, nesse caso, dedicada aos modos pelos quais você pode avaliar seu material, ao passo que uma quinta ramificação examinaria as melhores maneiras de organizar as informações e descobertas. Dedique talvez uma sexta ramificação às melhores maneiras de apresentar a pesquisa, de modo a maximizar seu impacto.

As sub-ramificações examinariam essas áreas de forma mais detalhada. Ao preenchê-las, você talvez se surpreenda com as ideias que aparecem – não as censure. O Mapeamento Mental é excelente para "pensar fora da caixa". Não tenha medo de deixar algumas sub-ramificações vazias; isso o encorajará a encontrar soluções criativas para preencher as lacunas.

Escrever um relatório anual

No Mapa Mental *ao lado*, você enfrenta a assustadora tarefa de criar um relatório anual. Embora a publicação das contas da empresa num relatório anual seja uma exigência legal, ela também é uma oportunidade de chamar a atenção para a empresa e mostrar o quanto ela foi bem-sucedida nos últimos doze meses, a fim de atrair investidores e clientes e fazer com que ela se destaque no mercado.

Sua imagem central pode encapsular a visão da empresa para ajudá-lo a tê-la sempre em mente. Se vocês fabricam sucos orgânicos, por exemplo, desenhe uma garrafa bonita rodeada de frutas.

Agora trabalhe toda a estrutura do seu relatório, destinando um ramo a cada elemento. À medida que trabalha, é provável que lhe venham à mente soluções criativas e abordagens incomuns. Por exemplo, é possível que o CEO possa ser filmado falando a introdução e que um *link* para essa gravação seja disponibilizado na versão *on-line* do documento. Uma ramificação pode dar uma visão geral do setor onde a empresa opera e falar das oportunidades e desafios que as mudanças recentes representaram. A próxima ramificação pode então mergulhar na próxima seção do relatório: uma recapitulação dos objetivos do negócio, especialmente com relação às metas financeiras, à necessidade de estar à frente do mercado em matéria de *design* e também de oferecer um excelente serviço ao consumidor.

Passe então às realizações – por ser uma ramificação importante, seja criativo no jeito de desenhá-la no Mapa Mental. Uma ramificação o lembrará dos detalhes financeiros que você precisa incluir, e você pode

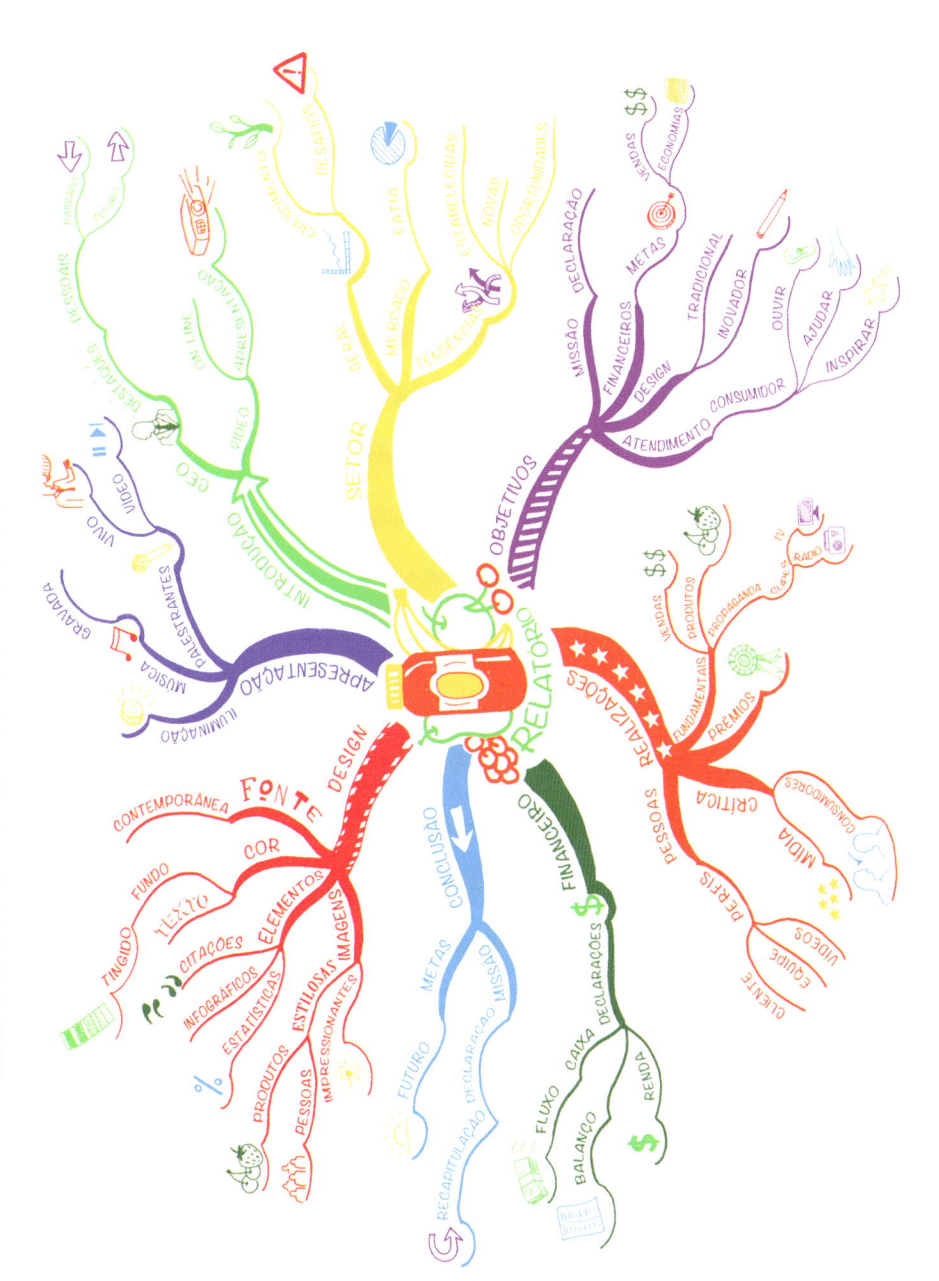

MAPA MENTAL PARA ESCREVER UM RELATÓRIO ANUAL

Uma viagem com o tapete mágico do Mapeamento Mental

Os Mapas Mentais são ferramentas excelentes de planejamento e memorização e têm uma afinidade especialmente forte com as esferas do trabalho e da educação, tornando esses aspectos da nossa vida muito mais gratificantes e prazerosos. Isso é demonstrado pela história do Dr. Dilip Abayasekara, nascido no Sri Lanka.

Hoje em dia, Dilip é requisitado como palestrante profissional, *coach* de comunicações e escritor de obras como *The Path of the Genie: Your Journey to Your Heart's Desire*. Também é ex--presidente internacional da Toastmasters International, uma organização educacional sem fins lucrativos presente no mundo inteiro, que forma indivíduos para se tornarem comunicadores e líderes eficazes. Mas Dilip iniciou sua carreira como cientista. Certo dia, a caminho do trabalho, começou a ouvir a uma fita que falava sobre Mapeamento Mental e ficou com vontade de saber mais. Ele próprio conta a sua história:

> Comecei a fazer Mapas Mentais e desde a primeira tentativa descobri o poder dessa técnica. Na época, eu era cientista. Apliquei o Mapeamento Mental ao meu trabalho, usando-o para resumir o que escrevia em meu caderno de laboratório, para analisar questões técnicas, identificar padrões, ter ideias novas e organizar dados. A descoberta das aplicações potenciais do Mapeamento Mental foi uma experiência que abriu e libertou minha mente, pois passei a aplicar o Mapeamento Mental a absolutamente tudo! Também descobri que, quando mapeamos nossos pensamentos, somos capazes de pensar melhor! Fiquei tão animado com o poder dessa ferramenta que a ensinei a minha esposa e meus dois filhos.

Foi então que mudei de linha de trabalho. Deixei de ser cientista e passei a ser *coach* e treinador de pessoas que precisam falar em público, professor universitário e pastor (atividades a que ainda me dedico). A única ferramenta indispensável comum a todos esses empreendimentos é o Mapeamento Mental. Ensinei centenas de profissionais e pastores a fazer Mapas Mentais.

Eu gostava muito (e ainda gosto) de falar em público e era membro dos Toastmasters, e por isso foi muito natural aplicar o Mapeamento Mental à preparação de discursos. Longe se iam os dias em que eu labutava para escrever um discurso, escrevendo cada frase em formato linear. Descobri que a preparação de discursos não somente se tornara mais divertida como também eu gerava novas ideias, economizava mais tempo e tinha o Mapa Mental tão gravado na mente que não precisava mais olhar anotação alguma quando fazia o discurso! Na verdade, me lembro de um dia em que estava dirigindo rumo a uma reunião do clube dos Toastmasters a uma hora de distância e pedi a minha filha pré-adolescente que mapeasse um discurso que fui lhe ditando enquanto dirigia. Foi a partir do Mapa Mental da minha filha que fiz o discurso daquela noite!

Se uma pessoa tem dúvidas sobre a sua capacidade de pensar com inteligência e criatividade, ofereço uma so-lução – pare de patinar na estrada da vida; suba no tapete mágico do Mapeamento Mental! Ele é uma ferramenta que liberta a mente e um caminho rumo à alegria de descobrir a sua capacidade ilimitada de pensar, criar e desfrutar o uso de algo em que normalmente sequer reparamos – a mente!

usar outra para explorar possíveis conclusões. Por fim, use uma ramificação ou duas para pensar em ideias para o projeto do documento (o que é especialmente importante se você trabalha num setor criativo ou de moda) e a própria apresentação, caso esta vá ser apresentada dentro de um evento.

Se você está envolvido na universidade ou na educação em geral, pode adaptar um Mapa Mental de relatório anual para dar palestras, apresentar artigos ou escrever dissertações (ver Planejamento de Dissertações, p. 102).

Limite a atividade de Mapeamento Mental a estirões de 20 minutos, para manter o cérebro relaxado e o pensamento sempre renovado.

Uma excelente gestão de projetos

Quer você esteja organizando uma conferência, lançando uma nova linha de produtos ou dirigindo uma peça de teatro na escola, a gestão de projetos é um processo potencialmente complicado e demorado. Envolve em regra vários estágios, partindo da geração de ideias, passando pelo planejamento, delegação, distribuição de recursos e correção de rota até a produção do resultado final. Um Mapa Mental pode oferecer uma ajuda valiosa em todos os estágios da gestão de projetos.

Para que sua gestão seja eficaz, use uma folha de papel grande o suficiente para abarcar todas as etapas que você precisa percorrer, ou, se for necessário, use Minimapas Mentais (ver o Capítulo 4, p. 142). Mantenha a mente aberta em todos os momentos do processo e avalie o potencial de cada dado novo. Cada tarefa significativa e cada coisa a ser levada em consideração no projeto deve receber uma ramificação principal. Quando é preciso cuidar de uma tarefa urgente, dê ênfase às palavras e imagens a ela relacionadas, usando um marca-texto. Assim que a tarefa for terminada, marque-as com um belo sinal de visto.

Se quiser ver um Mapa Mental avançado para gestão de projetos, consulte a versão da p. 105, criada pelo empreendedor polonês Marek Kasperski para seus alunos. Nela há ramificações para metas, cronograma, tarefas, marcos, qualidade, orçamento, calendário, relatórios, recursos, acompanhamento e fechamento do projeto. Você pode escolher e adaptar as IOBs para que sejam adequadas ao seu projeto.

APLICAÇÃO FUNDAMENTAL 3: EDUCAÇÃO

Sou de opinião que todas as crianças deste planeta deveriam aprender a fazer Mapas Mentais como parte de seu direito básico a uma educação completa. Experiências e estudos têm mostrado que o Mapa Mental pode ajudar crianças novas e estudantes de todas as idades a melhorar o grau de concentração e compreensão, memorizar informações com mais facilidade e preparar-se com confiança para provas e exames.

Como qualquer outra coisa que se pratique, é bom começar com pouca idade para se alcançar a perfeição. (Pense nos violinistas que se formam na escola de Yehudi Menuhin e depois se tornam astros, como Nigel Kennedy e Nicola Benedetti.) Já disse que minhas aventuras no caminho do Mapeamento Mental começaram quando eu era estudante, e hoje recebo narrativas de professores e estudantes do mundo inteiro que descobriram os benefícios dessa incrível ferramenta mental.

Mas não precisa acreditar no que digo...

Revisão

A esta altura já estará claro que os Mapas Mentais são auxiliares incrivelmente eficazes para rever uma matéria antes da prova, decompondo textos extensos em bocados de informação facilmente digeríveis. Em certo momento do nosso processo educacional, muitos de nós estudamos as obras de grandes escritores e pensadores e depois tivemos de memorizá-las em grau suficiente para sermos capazes de responder a perguntas numa situação de prova. No Capítulo 1, tomamos Shakespeare como exemplo geral de como fazer um Mapa

Mental. Agora vamos enfocar uma das suas obras mais conhecidas – a tragédia de *Macbeth*.

Diz a lenda que *Macbeth* é uma peça amaldiçoada, e os atores creem que pronunciar o nome dela no teatro dá azar. Por isso, usam o eufemismo "a Peça Escocesa". O personagem central da peça é Macbeth, um herói de guerra cujas ambições e cujo excessivo orgulho provocam sua queda. Um Mapa Mental que explora a figura de Macbeth deve usar uma representação dele como imagem central. Como eu já disse várias vezes, você não deve se preocupar com sua habilidade artística nem deve se sentir inibido ao criar imagens para seu Mapa Mental.

> **Um esboço simples é tão eficaz quando um desenho detalhado para a imagem central, desde que seja colorido, cheio de energia e resuma o tema para você.**

Uma das principais características de Macbeth é sua ambição, portanto é essa a palavra colocada sobre a primeira ramificação principal do Mapa Mental. A ramificação termina em forma de seta para simbolizar suas aspirações desmedidas. As demais ramificações principais têm a ver com os outros traços dominantes da personalidade de Macbeth: sua coragem no campo de batalha, suas dores de consciência e o modo como ele se transforma de um herói num monstro devorado pela ambição.

O Mapa Mental começa a soltar suas ramificações para mostrar como, por exemplo, a ambição de Macbeth se expressa no desenho de ser rei e fundar uma linhagem real. Novas sub-ramificações são acrescentadas, referindo-se ao modo pelo qual cada um dos traços dominantes da personalidade de Macbeth se relacionam com coisas que acontecem na peça – como sua coragem se transmuta em medo, por exemplo, ou como ele passa por cima dos escrúpulos de sua consciência para justificar o assassinato.

MAPA MENTAL DE REVISÃO: MACBETH

O Mapa Mental finalizado reflete a transformação de Macbeth de herói a nada e indica como sua queda contribui para o resultado final da peça. Repare no modo como as imagens criam uma sensação de energia e capturam as diferentes facetas do caráter de Macbeth, desde os contornos serrilhados da ramificação "malignidade" até o contorno reforçado e quadrangular da ramificação "coragem". Você pode adotar essa abordagem criativa para ter uma visão geral de qualquer tópico de sua escolha.

Planejamento de dissertações

Em vez de um tedioso plano linear para sua dissertação, use um Mapa Mental para estruturar seu trabalho escrito. O Mapa Mental lhe permitirá ter uma visão geral de sua abordagem num estágio preliminar, ajudando-o a identificar e resolver quaisquer potenciais falhas de seu argumento antes de você se perder nelas.

Crie uma imagem central que reflita o foco principal de sua peça e desenhe ramificações principais a partir dela para representar a introdução, o argumento principal e a conclusão. Acrescente uma ramificação para pesquisa e outra para quaisquer outras informações pertinentes. Você pode também acrescentar ramificações para textos ou figuras fundamentais que tenham relação com sua dissertação. Use sub-ramificações para destacar os temas que percorrem toda a dissertação e setas de ligação para desenvolver vínculos entre as diferentes linhas de raciocínio. O agrupamento também pode ser usado de modo produtivo para unir temas importantes. Não deixe de usar símbolos e imagens em todo o Mapa Mental para estimular o cérebro e a imaginação.

À medida que o Mapa Mental cresce, certas palavras-chave e imagens podem se tornar repentinamente como uma supernova, explodindo, destacando-se do ambiente ao redor e gerando novos Minimapas Mentais. Mantenha a mente aberta e não recuse novas opções; pelo contrário, siga-as para ver onde vão dar (ver também o Capítulo 4, p. 142, sobre o uso de Minimapas Mentais para encontrar soluções).

Depois de completar um rascunho de Mapa Mental e refinar seu argumento, preenchendo enquanto isso os detalhes da introdução e da conclusão, você talvez considere útil usar esse Mapa Mental como base de outro Mapa Mental mais "acabado". Vá consultando ambos os mapas ao escrever a dissertação final.

As etapas de redação de uma dissertação também podem ser adaptadas para que o Mapa Mental se torne uma excelente ferramenta de revisão antes da prova, como no exemplo que explora o caráter de Macbeth na página 99.

Um Mapa Mental para todas as idades

Às vezes me perguntam se os Mapas Mentais podem ser usados com o mesmo sucesso por pessoas de todas as idades. A resposta a essa pergunta é um sonoro SIM!

A habilidade de fazer Mapas Mentais não depende de idade, sexo, cor ou credo; o Mapa Mental reflete a inteligência natural do cérebro.

O Mapa Mental é um espelho de como o seu interior funciona. Assim, uma criança inteligente e imaginativa é capaz de criar um Mapa Mental tão útil quanto o de um CEO que ocupa essa posição há muitos anos. Além disso, todas as crianças já nascem equipadas com um arsenal de perguntas – Por quê? Como? O quê? Quando? Onde? – que funcionam como ganchos de escalada com que elas podem chegar aos píncaros do conhecimento. Os adultos fariam bem se adotassem uma abordagem infantil ao criar Mapas Mentais!

Lembremo-nos das Leis do Mapeamento Mental (ver o Capítulo 2, p. 60). As Leis não dão ênfase alguma à perícia ou a experiência. No Mapeamento Mental, o uso da cor, a imaginação e a inventividade confirmam o desenvolvimento natural da habilidade artística. Além disso, o

Plantar um jardim de ideias

Marek Kasperski é um empreendedor polonês, editor on--line da revista *Synapsia* e palestrante. Ele explica a seguir como os Mapas Mentais informam seus métodos de ensino, e seu Mapa Mental mostra o grau de detalhamento que pode ser incluído numa versão avançada da ferramenta:

O Mapa Mental é como um jardim onde ideias podem crescer e frutificar de tal modo que as outras pessoas que o vejam também se sintam inspiradas. Como docente do ensino superior, muitas vezes preciso explicar conceitos difíceis a alunos cuja capacidade varia. Os Mapas Mentais não apenas ajudam meus alunos a entender esses conceitos como também facilitam muito, para eles, a revisão e a memorização dos pontos de destaque. O Mapa Mental estimula a imaginação deles, lança-os numa viagem de pesquisa e os ajuda a descobrir novos territórios a serem explorados. Encorajo-os a criar seus próprios Mapas Mentais durante as aulas. Isso, por sua vez, muitas vezes os leva a fazer perguntas que de outro modo não teriam aparecido, o que beneficia toda a classe.

Os Mapas Mentais que crio para minhas aulas vão desde mapas conceituais muito pequenos até grandes mapas que englobam toda uma disciplina. Descobri ser crucial seguir as Leis do Mapeamento Mental. Meus alunos, especialmente aqueles para quem o inglês é a segunda língua, respondem muito bem às imagens, pois estas falam uma língua universal. O uso das cores no Mapa Mental também é muito importante. A cor, além de ser divertida, também é essencial para ajudar meus alunos a enfocar cada ramificação e analisar a informação nela contida. Encorajo meus alunos a usar mais imagens que palavras ou a combinar as duas coisas. Muitos conceitos discutidos nos meus Mapas Mentais são ligados a outras ideias dentro do Mapa Mental. Isso é altamente benéfico, pois nos ajuda a alinhavar as ideias entre si para vermos o quadro maior.

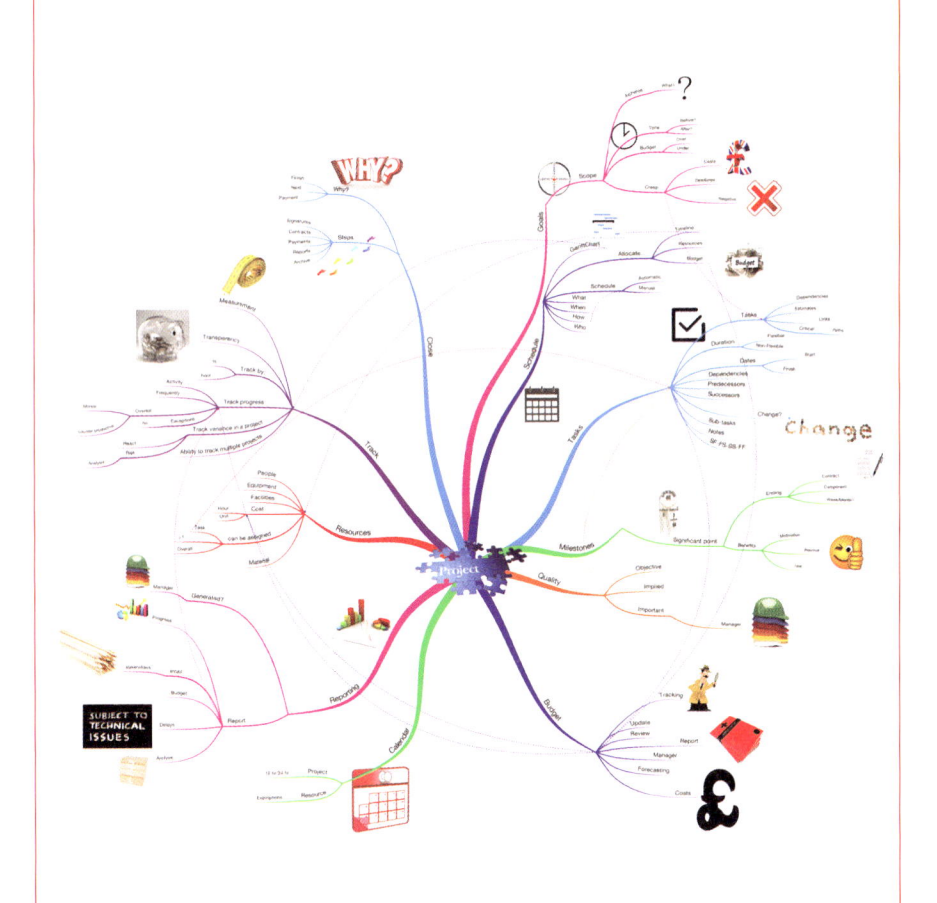

Mapa Mental de gestão de projeto, de Marek Kasperski

O que você quer saber?

Sou um grande devoto do estudo vitalício. Você já sentiu a tentação de estudar um assunto novo ou adquirir uma nova habilidade?

Quaisquer que sejam sua idade e circunstâncias, você tem todo o direito de se obrigar a exercitar o cérebro – isso o ajudará a se envolver ativamente na vida e a manter as faculdades mentais funcionando bem. Se tem algum desejo de alimentar um talento ou aprofundar sua compreensão de um determinado assunto, encorajo-o agora a explorar esse desejo na forma de um Mapa Mental.

Que tema lhe interessa? Use-o como base da sua imagem central – e torne essa imagem colorida, imaginativa e inspiradora. Para escolher as ramificações principais, comece por fazer as seguintes perguntas:

- **Quais benefícios o estudo desse tema lhe traria?**
- **De quais ferramentas ou materiais de estudo você precisa?**
- **Onde você pode estudar?**
- **De que modo seu tema se relaciona com a sociedade?**
- **Quais resultados você espera alcançar com seus estudos? Quais qualificações? Habilidades? Melhora no seu CV?**
- **Quais problemas ou obstáculos você terá de enfrentar? Como poderá resolvê-los?**

Crie sub-ramificações para examinar esses e outros pontos correlatos em maior detalhe e dê vida ao Mapa Mental com imagens e símbolos. Quando terminar, dê uma boa olhada em seu Mapa Mental. À luz do que acabou de descobrir, o que você fará agora?

Mapa Mental não é feito de orações completas, mas de imagens e palavras-chave individuais. Isso significa que ele deixa de lado todo jargão e toda parafernália artificial para chegar ao cerne de um assunto de um jeito que lembra um pouco o modo pelo qual uma criança nova, por exemplo, fala o que lhe vem na cabeça.

Por fim, o Mapa Mental baseia-se no poder do Pensamento Radiante, e não na dedução e na redução. Como ferramenta mental aberta, o Mapa Mental não se fixa em conclusões e resultados, mas exprime de forma gráfica os processos do cérebro em ação.

APLICAÇÃO FUNDAMENTAL 4: EDUCAÇÃO

A criatividade são os ovos de ouro do desenvolvimento pessoal: todos nós queremos ser mais criativos, mas como podemos subir pelo pé de feijão, descobrir o tesouro da criatividade e trazê-lo para a nossa vida? Alguns de nós fomos alimentados, na infância, com mitos prejudiciais sobre a criatividade: disseram-nos que as pessoas criativas são esquisitas, indignas de confiança, temerárias e perigosas para si e para os outros; que são de algum modo "especiais" e separadas do resto da sociedade. Se foi isso que nós ouvimos, não surpreende que às vezes estejamos pouco dispostos a reconhecer a criatividade em nós mesmos.

Segundo uma abordagem muito mais equilibrada e produtiva, as personalidades criativas têm muitos pontos fortes: tendem a ser pioneiras, a ampliar os limites estabelecidos, a ser inventoras e a correr riscos de forma inteligente. São, em sua maioria, originais, flexíveis, focadas, interessantes, empolgadas e visionárias. Têm alma de criança sem serem infantis.

O pensamento criativo não é prerrogativa dos gênios: é apenas a capacidade de pensar de forma original e de se afastar da norma. A criatividade, como um músculo, tende a se fortalecer com o exercício. Quanto mais você praticar o pensamento criativo:

- **mais fácil será ter novas ideias;**
- **mais receptivo você será a novas perspectivas;**
- **mais originais serão suas ideias.**

A criatividade está ligada à ludicidade, outra parte essencial da vida – fundamento do aprendizado, da descoberta, do relaxamento, do bem--estar e da produtividade. Todos os mamíferos e aves brincam, tanto no estado selvagem quanto depois de domesticados, e alguns peixes, répteis e até mesmo insetos também brincam. Durante a infância, as brincadeiras mudam as conexões dos neurônios no córtex pré-frontal e ajudam a formar ligações no centro de controle executivo do cérebro, que desempenha papel fundamental na administração das emoções, na formação de planos e na solução de problemas. As brincadeiras criam conexões entre as células cerebrais e os dendritos, construindo assim, aos poucos, uma rede de ligações no cérebro infantil – ou, em outras palavras, como discutimos no Capítulo 1 (ver p. 53), o Mapa Mental interno da criança.

Se tivermos sorte, nosso trabalho às vezes parecerá uma brincadeira. Se não tivermos tanta sorte, teremos de procurar um modo de introduzir um elemento de brincadeira em nossa vida. Na página 106, vimos como usar o Mapeamento Mental para escolher um novo tema de estudo ou adquirir uma nova habilidade; essa técnica pode ser facilmente adaptada para encontrarmos um passatempo ou um esporte agradável. Também pode nos ajudar a aproveitar ao máximo nosso tempo livre, encontrando maneiras gratificantes de relaxar.

> **Diga-me, o que pretende fazer com sua**
> **única vida, tão estranha e preciosa?**
>
> **Mary Oliver, "The Summer Day"**

Aproveite ao máximo seu tempo livre

Segundo um ditado popular: "Ninguém jamais disse, no leito de morte, que gostaria de ter passado mais tempo no escritório"; tenho certeza

MAPA MENTAL PARA APROVEITAR AO MÁXIMO O TEMPO LIVRE

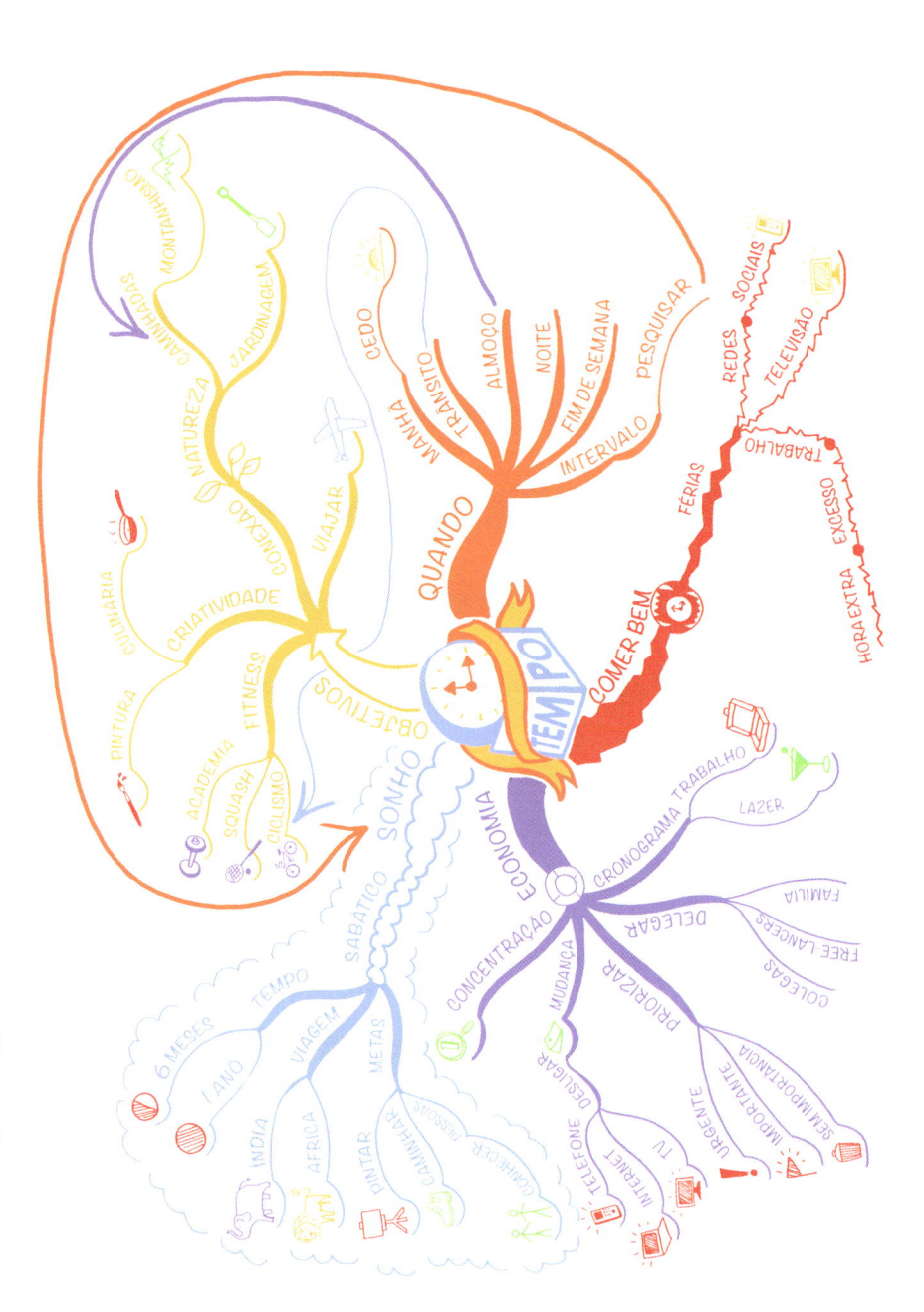

de que o mesmo se aplica a assistir televisão. Nas palavras da poetisa americana Mary Oliver, só temos uma vida e ela é "estranha e preciosa". Por isso, use um Mapa Mental para aproveitar a sua vida ao máximo, de maneira a obter realização e contentamento.

Se você se sente incessantemente ocupado, um Mapa Mental pode ajudá-lo a identificar momentos do dia que você pode aproveitar para coisas suas; pode ajudá-lo também a explorar o que fazer com esses momentos. Quer decida estudar um assunto novo, fazer aulas à noite ou passar os fins de semana numa academia ou num campo de futebol, a escolha será sua.

Para fazer um Mapa Mental desse tipo, você precisa se libertar para expressar sua criatividade; por isso, você deve procurar ser tão inventivo quanto possível no uso das imagens. O exemplo da p. 109 está repleto de imagens inspiradoras, entre elas um relógio embrulhado com uma fita, que representa o dom do tempo que você dá a si mesmo, e ilustrações que expressam objetivos, como os de pintar, praticar montanhismo e viajar.

Você pode usar um Mapa Mental não apenas para descobrir exatamente o que fazer no seu tempo livre, mas também para determinar

Um exercício de criatividade

No Capítulo 1 (ver p. 33), expliquei o conceito de Pensamento Radiante e apresentei a você a Língua Humana. Descobrimos que todos os seres humanos – eu e você inclusive – falam fluentemente as línguas da associação e da imaginação desde o nascimento. Agora quero convidar você a jogar um joguinho.

Usei versões deste exercício por muitos anos ao ensinar as técnicas de Mapeamento Mental e de aperfeiçoamento da memória, e fiquei curioso ao descobrir que o falecido Ted Hughes, um grande poeta britânico, desenvolveu na mesma época uma prática semelhante para ensinar seus alunos a escrever poesia. Trata-se de um exercício que revela a centelha criativa que existe dentro de cada um de nós. Antes de começar, tenha em mãos um dicionário.

- **Escolha um objeto aleatoriamente. Pode ser algo que você vê no local onde está ou algo que lhe venha à mente.**

- **Feche os olhos, abra o dicionário numa página aleatória e coloque o dedo em algum ponto da página.**

- **Abra os olhos e escreva a palavra onde você pôs o dedo.**

- **Repita isso mais nove vezes, abrindo aleatoriamente o dicionário, até ter dez palavras.**

- **Agora encontre tantas associações quantas puder entre o objeto e cada uma dessas palavras.**

- **Se isso lhe parecer difícil a princípio, vá fazendo e prometo que você encontrará associações – por mais estranhas que pareçam.**

- **Depois de cerca de 20 minutos, leia suas associações.**

**Você é muito criativo,
não é mesmo?**

Como viver criativamente

Phil Chambers é campeão mundial de Mapeamento Mental, diretor de arbitragem do Conselho Mundial de Esportes da Memória, homem de negócios bem-sucedido e autor de *How to Train Your Memory*. Ele explica como os Mapas Mentais vêm informando há décadas seu pensamento criativo:

Os Mapas Mentais me ajudavam a estudar para provas na escola. Na época, eram apenas diagramas em forma de aranha, com muitas cores, mas sem estrutura, e com algumas palavras. Mesmo assim, eram bem mais úteis do que uma lista. Na universidade, meu estilo melhorou e eu enfeitava as paredes do meu quarto com grandes Mapas Mentais.

Agora uso Mapas Mentais para estruturar meu processo de escrita. Vale a pena pensar claramente sobre o que queremos dizer antes de nos sentarmos para escrever. Separando o processo de pensamento do processo de escrita, tenho poucas correções a fazer e acabo produzindo um documento mais coerente. Isso é especialmente importante quando escrevemos livros.

Como instrutor, grande parte de meu serviço consiste em criar apresentações. Para me preparar, faço um Mapa Mental com diferentes tópicos, ações e fluxos de conceitos. Isso me permite construir *slides* apropriados, e posso então usar o Mapa Mental como ilustração perfeita para guiar meus alunos ao longo da sessão.

Um dos principais problemas de uma vida movimentada é planejar o uso do tempo. O Mapa Mental é a ferramenta perfeita para isso, desde o planejamento de um único dia até o do mês inteiro. Gosto de deixar o Mapa Mental ao lado de minha escrivaninha, com uma caneta marca-texto para poder assinalar as tarefas completadas.

Como os Mapas Mentais podem ser obras de arte, gosto de dá-los como presentes na forma de cartões de aniversário e de Natal. Criei a tradição de todo ano escolher uma canção de Natal e criar um Mapa Mental animado a partir da letra, com humor e imagens. Como mostra o Mapa Mental *abaixo*, o Mapeamento Mental desempenha um papel crucial em boa parte da minha vida.

Mapa Mental sobre os usos do Mapeamento Mental, de Phil Chambers

quando fazê-lo: há atividades às quais você pode se dedicar na hora do almoço ou mesmo enquanto se desloca para o trabalho, ao passo que há outras que você pode encaixar nas noites durante a semana ou no fim de semana. Talvez você sonhe em tirar um ano sabático e viajar para a África ou a Índia? Se tem esse sonho, coloque-o no seu Mapa Mental. Somente reconhecendo nossos sonhos é que podemos fazê-los acontecer.

Está claro que a criatividade pode assumir muitas formas – desde pintar o teto da Capela Sistina até preparar um almoço delicioso, desde escrever um livro até dar uma festa, desde compor uma sinfonia até tocar flautim. Seja qual for a forma que ela assuma, um Mapa Mental pode facilitar sua expressão.

APLICAÇÃO FUNDAMENTAL 4: BEM-ESTAR

Já se provou que existe uma relação positiva entre o bem-estar físico e o desempenho mental. Hoje em dia, há grupos de lobistas fazendo campanha para que o governo inglês reconheça oficialmente essa relação ao determinar suas políticas. Esses grupos afirmam que a saúde mental e a saúde física não devem ser concebidas como entidades separadas.

Sempre gostei de atividades físicas, como remar e correr; e creio com convicção que, para que sua mente floresça, você deve também cuidar de seu bem-estar físico. Também acredito na relação oposta: uma saúde mental ruim pode impactar negativamente a saúde física e até piorar algumas doenças.

Sir Steve Redgrave, cinco vezes medalhista de ouro nas Olimpíadas, compreende muito bem a conexão entre mente e corpo. Ele sublinhou o quanto o cérebro é importante para qualquer conquista esportiva, e disse: "Quando competimos em nível elevado, precisamos ter uma mente muito forte". Também dá firme apoio ao trabalho feito por mim e pelos demais adeptos do Mapeamento Mental. Afirmou:

MAPA MENTAL PARA ALCANÇAR O BEM-ESTAR HOLÍSTICO

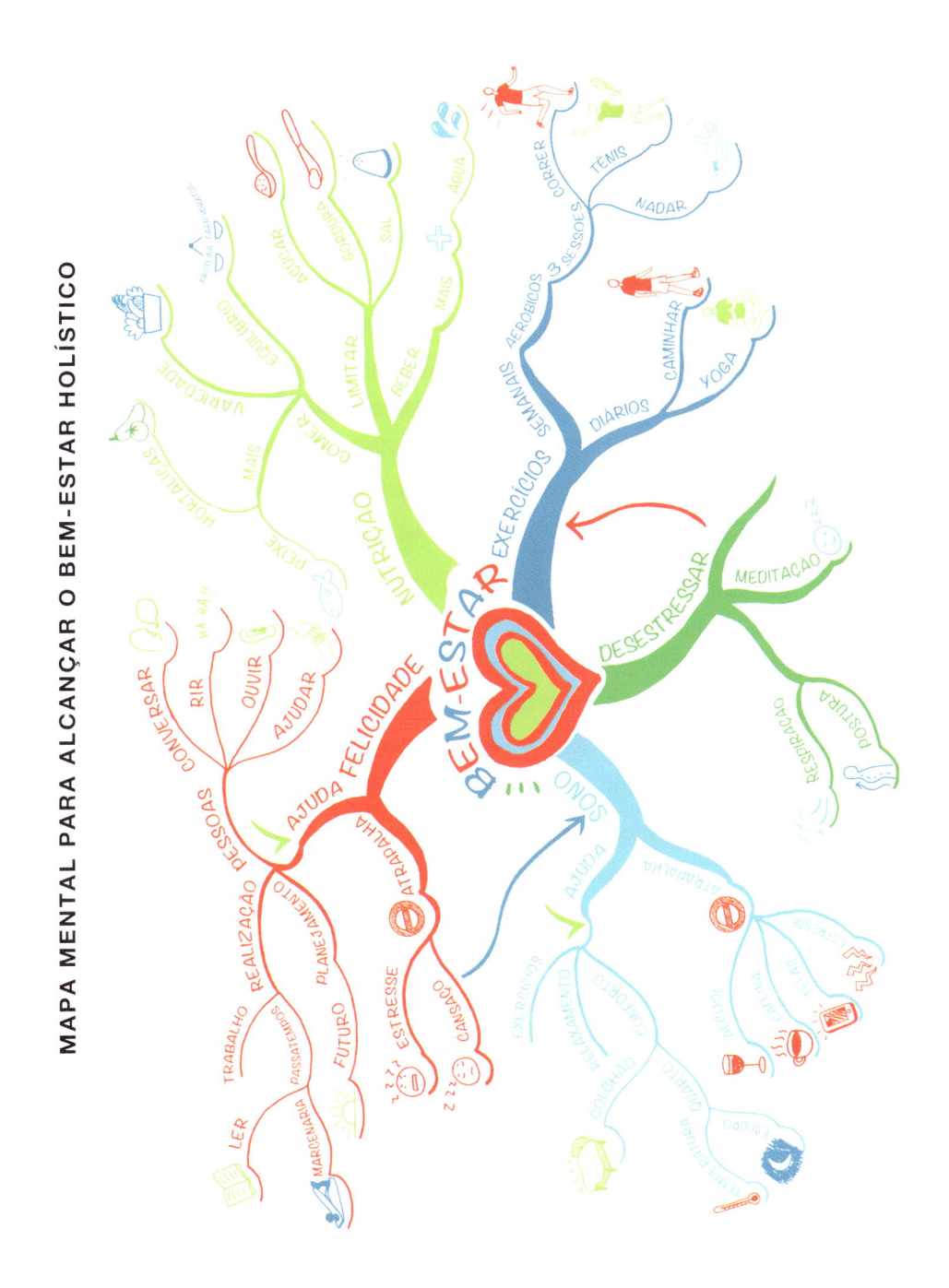

"Tony Buzan é uma das pouquíssimas pessoas que conheci que realmente compreendem o quanto o cérebro é importante para qualquer homem ou mulher que pratique esportes."

Para alcançar o bem-estar holístico

Hoje em dia, compreendemos que para entrar em forma não devemos nos concentrar exclusivamente nos exercícios físicos e nas dietas restritivas, mas na promoção do bem-estar geral, que inclui a boa nutrição do corpo, dormir o suficiente, aliviar o estresse e fazer coisas que nos deixem felizes. A boa notícia é que não precisamos gastar fortunas com os serviços de um *personal trainer* ou de um *coach* de estilo de vida para nos ajudar a nos sentirmos bem e a termos uma bela aparência. Pelo contrário, podemos usar um Mapa Mental para criar nosso próprio plano de bem-estar holístico. Procure criar imagens que o inspirem, irradiando vitalidade e boa saúde. As ramificações principais podem refletir as áreas principais que contribuem para o seu bem-estar geral – o exemplo da p. 115 explora a nutrição, os exercícios, o alívio do estresse, o sono e a felicidade, mas você poderia enfocar áreas ligeiramente diferentes. À medida que for definindo as sub-ramificações e examinando o que favorece seu bem-estar geral e o que o prejudica, você verá que certas atividades o beneficiam de várias maneiras diferentes. Talvez os exercícios sejam não somente um objetivo de bem-estar, mas também meios para dormir melhor e aliviar o estresse, promovendo também, assim, a felicidade. A experiência me diz que a saúde mental e a boa forma física são inseparáveis entre si.

Quanto mais você trabalhar no seu Mapa Mental, mais ele falará com você e lhe oferecerá toda a orientação de que você precisa.

**Faça do Mapa Mental o seu
personal trainer!**

Coma bem!

Um Mapa Mental mais específico pode ser usado para você planejar sua nutrição, garantindo que tenha uma dieta saudável com uma proporção equilibrada de todos os grandes grupos alimentares (carboidratos, proteínas, laticínios, frutas e hortaliças, gorduras e açúcares).

Você pode usar um Mapa Mental para fazer seu planejamento semanal das refeições, adaptando o Mapa Mental do planejamento semanal geral (p. 83) de modo a se concentrar somente na alimentação, e não nas atividades como um todo. As sub-ramificações podem listar as principais refeições do dia e abrir-se em sub-sub-ramificações que detalhem os ingredientes de cada refeição e seu valor nutricional. Se você criar no início de cada semana um Mapa Mental que enfoque a boa alimentação, já terá em mãos uma lista de compras bem prática.

Vitamina/ mineral	Algumas fontes
Vitamina A	queijo, ovos, peixes gordos, leite e iogurte, fígado e patê de fígado
Complexo B	ervilhas, frutas, ovos, carne, hortaliças
Ácido fólico	brócolis, espinafre, aspargos, ervilhas, grão-de-bico
Vitamina C	frutas cítricas, pimentão verde e vermelho, morangos, batatas
Vitamina D	peixes gordos, carne vermelha, fígado, gema de ovo
Vitamina E	sementes e oleaginosas, óleos vegetais, cereais
Vitamina K	verduras, óleos vegetais, cereais
Cálcio	leite, verduras, tofu, soja, oleaginosas
Iodo	peixes, frutos do mar
Ferro	carne, feijão, oleaginosas, verduras escuras

Se estiver procurando introduzir mais vitaminas e minerais em sua dieta, procure examiná-la ainda mais de perto e criar um Mapa Mental que liste esses microcomponentes juntamente com os alimentos em que se encontram. Como nem sempre é fácil saber onde se encontram as principais vitaminas, apresentei uma lista na página anterior.

Depois de decidir sobre a imagem central (talvez uma garrafa com o rótulo "V&M" (Vitamina & Mineral) ou, se você gosta de desenhar pessoas, uma imagem de alguém irradiando saúde), crie ramificações para cada um dos principais grupos de vitaminas e minerais e preencha as sub-ramificações com belos símbolos e imagens, talvez usando delimitações e agrupamentos para classificá-las. Use setas para evidenciar as ligações entre os diferentes grupos. Depois, você pode emoldurar seu magnífico Mapa Mental e pendurá-lo na parede, usando-o como fonte de orientação e inspiração para sempre ingerir uma dieta equilibrada e variada.

APLICAÇÃO FUNDAMENTAL 6: MEMÓRIA

Como expliquei, quando inventei o Mapa Mental ele era um instrumento mnemônico, e continua sendo uma das ferramentas mais poderosas para nos lembrarmos de vastas quantidades de informação. Todos os usos dos Mapas Mentais abordados neste capítulo fortalecem nossa memória de alguma maneira: desde fixar em nosso cérebro os pontos fundamentais de um texto a fim de nos lembrarmos deles numa prova ou exame até nos lembrarmos de todas as coisas que precisamos fazer na semana seguinte e nos lembrarmos de fazer exercícios e comer bem.

Já vimos o quanto é importante o poder da associação na formação de um Mapa Mental: quando se combina com a imaginação, ela aduba e irriga as ramificações do Mapa Mental, encorajando-as a irradiar-se organicamente a partir da imagem central. Além disso, a associação serve de chave para a memória.

Falando nonsense de cor

Edward Lear (1812-1988) foi um escritor e artista inglês que, ao lado de muitas outras realizações notáveis, foi professor de artes da rainha Vitória e criou maravilhosos poemas *nonsense*. Talvez seja mais lembrado pelo poema "A Coruja e o Gatinho".

Hoje, porém, deixaremos de lado esses amigos emplumados e peludos e leremos o seguinte poema de Lear:

**Um Velho disse: "Silêncio!
Vejo um passarinho nesta moita!"
Quando perguntaram: "É pequeno?"
Ele respondeu: "De jeito nenhum!
É quatro vezes maior que a moita!"**

Agora faça um Mapa Mental do poema, incluindo as imagens que ele evoca.

Ao terminar, estude o Mapa Mental durante 5 a 10 minutos ou até julgar haver memorizado as informações nele contidas. Coloque-o de lado.

Numa folha de papel em branco, recorde-se do poema e escreva-o de memória. Que tal?

Se gostar do processo, faça um Mapa Mental de um poema maior. Em pouco tempo, será capaz de memorizar um longo poema narrativo.

Em 1969, os cientistas cognitivos norte-americanos Allan M. Collins e M. Ross Quillian fizeram testes a respeito do modo como a memória se organiza em vista da eficiência na investigação, permitindo-os sacar a informação correta de nossos bancos de memória sem a menor hesitação. Descobriram que nossa memória semântica (o modo pelo qual entendemos o mundo a partir da lógica e da linguagem) se organiza como uma espécie de biblioteca, com categorias ou nodos inter-relacionados que representam informações ou conceitos específicos, os quais são, então, conectados uns com os outros.

É nossa experiência individual que dá forma a essas conexões, o que significa que cada pessoa tem sua própria "teia de aranha" de associações: "pássaro", por exemplo, é associado a "voo", que é associado a "céu". O Mapa Mental trabalha em harmonia com esse processo, pois escolhe um tema e depois usa a imaginação e a associação para juntar tudo que a pessoa sabe a respeito dele.

A individualidade de nossas redes semânticas é uma das razões pelas quais um Mapa Mental é inevitavelmente uma criação pessoal. Para aproveitar ao máximo o Mapa Mental e aumentar a probabilidade de memorizar as informações nele contidas, você terá de criar seu próprio Mapa Mental em vez de usar um Mapa preparado por outra pessoa. Essa é uma das razões pelas quais prefiro os Mapas Mentais desenhados à mão às versões digitais, por mais úteis que estas sejam. Às vezes também é um pouco mais difícil entender o Mapa Mental de outra pessoa, pois o modo como ela associa e interliga as informações pode não ser igual ao seu; essa leve dificuldade tornará o Mapa Mental um pouco menos útil para você.

Quando procuramos rever e memorizar informações, os problemas tendem a concentrar-se na memória de curto prazo, pois é aí que as novas informações são armazenadas antes de serem transferidas para a memória de longo prazo. No início deste capítulo (p. 72), vimos que o psicólogo George Armitage Miller descobriu que a memória de curto prazo só consegue conter sete itens de informação, aproximadamente.

Para que essa informação seja retida pela memória de longo prazo, tem de ser repetida e recitada antes que a transferência ocorra, e é por isso que uma leitura de última hora antes de um exame não adianta muito: para que as informações sejam lembradas com eficiência, precisam ser relacionadas e interligadas de algum modo. E é aí que o agrupamento, nos Mapas Mentais, pode ser um meio excelente para nos lembrarmos de dados (ver p. 72).

O próprio ato de criar fisicamente um Mapa Mental facilita a memorização das informações que ele contém, permitindo-nos visualizar e nos lembrarmos do processo pelo qual o criamos. Por meio do uso de cores e imagens, o Mapa Mental envolve o cérebro e se imprime na memória.

Se quiser lembrar com precisão das informações contidas em seu Mapa Mental, sugiro que você o estude cuidadosamente, com tempo, e revise suas conexões, imagens e ramificações. Quanto mais você fizer isso, mais as informações ficarão impressas em sua memória.

Desde planejar uma festa até salvar um relacionamento, memorizar letras de música ou elaborar uma apresentação limpa e profissional, o Mapa Mental torna os assuntos administráveis, pois decompõe cada tarefa, texto ou situações em seus elementos constituintes. Evidencia as conexões entre esses elementos e convida o cérebro a participar ativamente do processo, levando-o a buscar soluções, memorizar detalhes e prever consequências em vez de ser um mero receptáculo passivo de informações.

No entanto, nem sempre aquilo que parece ser um Mapa Mental é um Mapa Mental de verdade. Como distinguir um Mapa Mental verdadeiro de um falso? A resposta a essa pergunta será o tema do próximo capítulo.

3

O Que Não é um Mapa Mental

Este capítulo dissipa alguns mitos que se formaram em torno do Mapa Mental e examina casos confusos, explicando por que os falsos Mapas Mentais não são nem de longe tão úteis quanto aqueles que seguem as Leis do Mapeamento Mental. Proporciona dicas práticas para a criação de Mapas Mentais genuínos e orientações para a identificação dos impostores!

Mitos e concepções errôneas

Desde sua invenção, nas décadas de 1950 e 1960, os Mapas Mentais têm ajudado muita gente pelo mundo afora – e continuam transformando vidas até hoje. Essa é a maior recompensa que eu poderia esperar, e nunca deixo de me sentir satisfeito com o alcance e o apelo globais do Mapeamento Mental. Trabalhando com a Língua Humana inata e aproveitando a força da imaginação e da associação, o Mapa Mental se tornou uma ferramenta mental que transcende as barreiras culturais.

Dada a popularidade dos Mapas Mentais, não surpreende que, no decorrer das décadas, vários mitos e concepções errôneas se formaram ao redor deles. Sinto uma dor no coração toda vez que me deparo com alguns dos erros de entendimento mais comuns, como a crença errônea de que os Mapas Mentais e os diagramas de aranha são a mesma coisa.

Além disso, existe um risco real de que a confusão entre os Mapas Mentais e coisas como os mapas conceituais e os diagramas de pirâmide acabem por comprometer a integridade dos próprios Mapas Mentais; se isso acontecesse, certas pessoas poderiam não ter uma ideia correta do poder do Mapeamento Mental ou não perceber o *pleno* potencial do Mapa Mental. Do mesmo modo, sinto-me frustrado quando conheço pessoas que passaram por um treinamento inadequado nas mãos de gente que, embora se afirme especialista em Mapeamento Mental, não receberam eles próprios uma boa formação.

Vamos separar o joio do trigo e esclarecer todas as confusões sobre o que os Mapas Mentais são e o que não são.

Explodindo alguns mitos

Nos Capítulos 1 e 2, demos uma breve olhada na história dos Mapas Mentais dentro do desenvolvimento do pensamento visual e no modo pelo qual os ilustres antecedentes dessa ferramenta mental já se manifestam na maravilhosa arte rupestre de nossos antepassados da Idade da Pedra. Falamos das práticas pioneiras de culturas como a dos antigos gregos e examinamos o trabalho de gênios como Charles Darwin, que usou diagramas para desenvolver suas ideias.

Infelizmente, certas pessoas confundem semelhança com igualdade e, assim, creditam ao filósofo fenício Porfírio de Tiro (c. 232–303 d.C.) a invenção do Mapa Mental. Porfírio era um filósofo neoplatônico que organizou as ideias de Aristóteles num diagrama tradicionalmente descrito como uma *arbor*, árvore, cuja forma guarda certa semelhança com a Árvore da Vida da tradição mística da cabala judaica. O diagrama de Porfírio não tem imagem central (ver Capítulo 1, p. 45) nem ilustrações de qualquer tipo; as palavras se distribuem de maneira ordenada em esferas e ao longo de caminhos de comunicação. O pensamento desse diagrama não é radiante como o do Mapa Mental.

Do mesmo modo, às vezes tenho de ouvir que Leonardo da Vinci inventou o Mapeamento Mental. Talvez isso não surpreenda: afinal de contas, esse pensador pioneiro estava tão adiante do seu tempo que já projetava aparelhos incríveis, como máquinas aladas e o "ornitóptero" movido pela força humana, 400 anos antes de os irmãos Wright porem no ar o primeiro avião a motor, em 1903. O fato de Da Vinci combinar palavras e imagens em suas anotações ajudou a moldar os primeiros estágios de minhas pesquisas sobre natureza do pensamento humano; no entanto, esse grande artista e pensador não usava a cor de modo esquemático em seus diagramas, sendo que a cor, como já vimos, é um elemento fundamental do Mapeamento Mental.

Há também aqueles que atribuem a invenção do Mapa Mental a *Sir* Isaac Newton (1642-1727), o cientista inglês que formulou a lei da gravidade depois de ver uma maçã caindo de uma macieira. Esse cientista famoso usava intrigantes diagramas conceituais para tabelar suas ideias, mas também eles eram monocromáticos e assumiam a forma de uma "árvore" que crescia para cima em vez de se expandir de modo radiante pela página, como fazem os Mapas Mentais, imitando as supernovas. Ao passo que o pensamento de gênios como Da Vinci e Newton é atemporal, confundir diagramas criados há séculos com o moderno Mapa Mental é como confundir uma bicicleta *penny farthing* com uma motocicleta turbinada!

Um caso de erro de identidade

As pessoas que acabam de conhecer os Mapas Mentais e ainda não dominaram as Leis do Mapeamento Mental (ver o Capítulo 2, p. 60) podem a princípio criar diagramas que se assemelham superficialmente aos Mapas Mentais, mas que acabam sendo algo completamente diferente, como um diagrama de aranha, um diagrama de pirâmide, um mapa conceitual, um diagrama de espinha de peixe ou um gráfico de explosão solar.

DIAGRAMAS DE ARANHA

Como o Mapa Mental, o diagrama de aranha (ver o quadro na *página ao lado*) pode ser usado para planejar uma dissertação ou organizar ideias. Muitas vezes tem uma forma bastante estruturada, com "pernas" que se projetam a partir de uma ideia central. Ao contrário do Mapa Mental, no entanto, o diagrama de aranha nem sempre é colorido e raramente faz uso de imagens. Suas "pernas" são geralmente lineares e finas; não são orgânicas nem variam em espessura.

DIAGRAMAS DE PIRÂMIDE

Os diagramas de pirâmide são semelhantes aos diagramas de aranha, mas dão mais ênfase à hierarquia. Ao passo que a ideia principal se aninha no centro de um diagrama de pirâmide ou mesmo de um Mapa Mental, no diagrama de pirâmide o conceito-chave se posiciona no topo e as ideias associadas se projetam dele para baixo, de maneira ordenada. Isso significa que o olhar tem a tendência de percorrer a página de cima para baixo e de maneira unidirecional, rígida

Diagrama de pirâmide

Devolvam à aranha suas pernas!

Dê uma olhada neste diagrama de aranha:

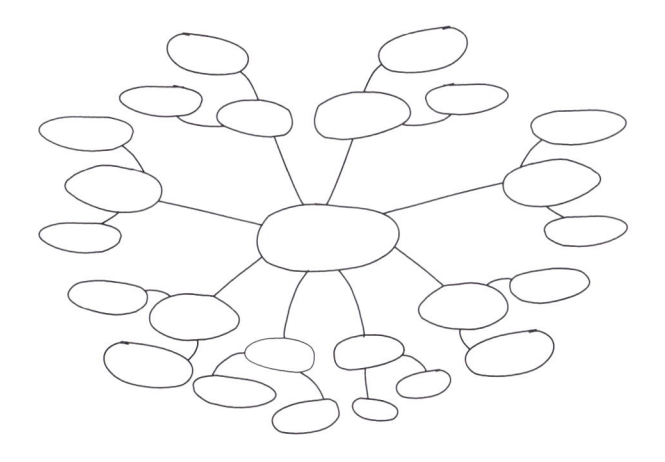

Agora volte para a seção "Como Criar um Mapa Mental", no Capítulo 1, p. 27, e releia as sete etapas ali delineadas.

Quando estiver preparado, procure criar um diagrama de aranha tomando o desenho acima como guia, e depois use as mesmas informações para criar um Mapa Mental.

Quando tiver terminado, compare os dois desenhos.

Que imagem lhe chama mais a atenção? Qual das duas é mais atraente e mais fácil de lembrar?

Por quê? Releia as Leis do Mapeamento Mental no Capítulo 2 (p. 60). De que maneiras as Leis dão ao Mapa Mental um apelo visual maior que o do diagrama de aranha?

e linear, em vez de transitar livremente pelo diagrama de uma maneira que encoraja o cérebro a encontrar novas conexões e compreensões.

MAPAS CONCEITUAIS

Os mapas conceituais apresentam ideias e informações na forma de palavras e expressões colocadas dentro de quadros ou círculos. Como no diagrama de pirâmide, essas unidades são interligadas numa estrutura hierárquica que se ramifica para baixo, o que significa que os mapas conceituais tendem a ser lidos de cima para baixo, com todas as restrições que esse fato acarreta. Em geral, as setas de ligação do mapa conceitual têm um rótulo, como as ramificações dos Mapas

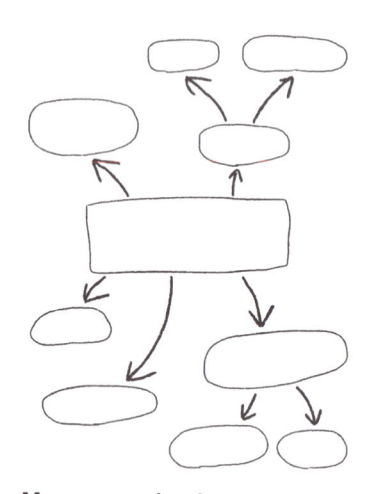

Mentais. No entanto, no mapa conceitual esses rótulos conectados por setas podem ser expressões complexas e não palavras únicas, de modo que perdem o impacto dado pelas palavras-chave. Além disso, as cores e imagens não aparecem nos mapas conceituais, o que diminui o impacto visual desses instrumentos gráficos, bem como sua capacidade de chamar a atenção do cérebro. O mapa conceitual muitas vezes tem a função pedagógica de apresentar informações que

Mapa conceitual

devem ser simplesmente decoradas, ao passo que o Mapa Mental pode ser usado como técnica de *brainstorming* e de invenção de novas estratégias; pode ser usado também para muitas outras finalidades criativas.

DIAGRAMAS DE ESPINHA DE PEIXE

Também chamado de diagrama de Ishikawa em homenagem ao teórico organizacional japonês Kaoru Ishikawa (1915-1989), que o popularizou na

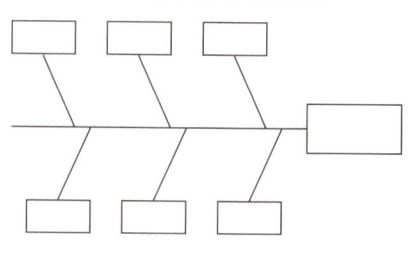

Diagrama de espinha de peixe

década de 1960, o diagrama de espinha de peixe tem o nome correspondente à sua forma. As "espinhas de peixe" do diagrama relacionam-se com fatores ou considerações particulares, ao passo que o efeito cumulativo situa-se na "cabeça". Isso significa que os diagramas de espinha de peixe são lidos geralmente da esquerda para a direita (ou da direita para a esquerda se você estiver no Japão!). São lineares e monocromáticos e seu foco são as causas e efeitos; não têm a função de dar a ignição nas faculdades da imaginação e da associação a fim de estimular o cérebro.

GRÁFICO DE EXPLOSÃO SOLAR

Também chamado de diagrama de explosão solar, gráfico em anéis ou gráfico de pizza multinível, o gráfico de explosão solar é uma figura compacta formada por círculos concêntricos que representam níveis de dados hierárquicos. Cada nível é dividido em categorias ou segmentos, muitas vezes representados

Gráfico de explosão solar

em cores diferentes. Esses gráficos não fazem uso de imagens. Embora talvez sejam úteis para resumir e consolidar dados, também podem ser difíceis de interpretar e não colaboram muito para inspirar o pensamento criativo.

Como identificar um diagrama que não é um Mapa Mental

Agora você já sabe o que é e o que não é um Mapa Mental! Quando as Leis do Mapeamento Mental são negligenciadas, o resultado muitas vezes é a monotonia, a falta de ordem e clareza e uma grande confusão. Pode ser que você encontre um diagrama que se assemelha superficialmente a um Mapa Mental, mas que na verdade é algo completamente diferente.

De maneira geral, os Mapas Mentais são muito melhores que outras ferramentas visuais para estimular o poder do pensamento criativo. Ao passo que todo Mapa Mental segue as mesmas etapas essenciais e tem os mesmos elementos essenciais, as imagens de cada um são específicas: não existe uma iconografia formal nem um critério rigoroso pelo qual um Mapa Mental possa ser considerado "certo ou errado" da mesma maneira que um gráfico de pizza, por exemplo, poderia conter um erro de matemática. Os Mapas Mentais não se relacionam necessariamente com etapas, sistemas e processos, mas são cheios de movimentos e incorporam uma lógica inata. Certas pessoas os consideram ilógicos porque não são baseados em listas, linhas e números – mas nada poderia estar mais longe da verdade. Num certo nível, o Mapa Mental é uma ferramenta mental extremamente lógica, pois seus elementos só se conectam por meio da faculdade de associação, o que significa que existe entre eles um nexo causal natural. Afinal de contas, a lógica é a capacidade de fazer associações adequadas a fim de chegar a uma conclusão racional.

Mais ainda: além de o Mapa Mental apresentar informações, o próprio ato de criá-lo estimula o cérebro e põe a memória em ação. O Mapa Mental é uma manifestação dos pensamentos e ideias do indivíduo que o cria.

No Mapa Mental, o uso de cores, imagens e conexões visuais é informal e orgânico – e essencial para o seu correto funcionamento.

O Mapa Mental pode se tornar algo visualmente bonito. Vi alguns Mapas Mentais que literalmente me fizeram perder o fôlego, como o exemplo chinês da p. 132. Esse Mapa Mental foi criado por Richard Lin, um ex-empresário que hoje faz sucesso como *coach*, palestrante, mentor universitário e mestre de Mapeamento Mental.

Olhe bem para esse maravilhoso Mapa Mental? Que imagens você vê? Na sua opinião, do que ele trata?

Para saber se você está diante de um verdadeiro Mapa Mental, pense no seguinte:

Há um conceito central claro?

Há uma imagem central clara que retrate esse conceito?

A imagem se irradia a partir do centro?

Há sempre uma única palavra por ramificação?

O Mapa Mental tem imagens?

Há cores em todo o Mapa Mental?

O Mapa Mental está claro?

O Mapa Mental tem aparência natural e orgânica?

O Mapa Mental tem alto apelo visual?

Se a resposta a qualquer uma dessas perguntas for "não", você não está olhando para um verdadeiro Mapa Mental.

Mapa Mental sobre o cérebro com um computador como pescoço, de Richard Lin

Você reparou na tela de computador abaixo do rótulo central? O Mapa Mental de Richard descreve o cérebro com um "computador como pescoço", e cada uma de suas ramificações se refere a um princípio fundamental do Mapeamento Mental, como o uso de cores, dimensões e associações. Trata-se de uma obra-prima do Mapeamento Mental e eu o admiro muito!

Com o tempo e a prática, você também desenvolverá seu próprio estilo de Mapeamento Mental.

E isso é algo que vale a pena comemorar!

Imagine se as Leis não fossem seguidas

Dê uma olhada em um dos Mapas Mentais que você criou enquanto lia o Capítulo 2.

- Imagine seu Mapa Mental sem imagem central, com seu cérebro e coração extraídos.

- Imagine seu Mapa Mental sem cores e pense no quanto sua força diminuiria.

- Imagine seu Mapa Mental feito apenas com linhas retas e pense no quanto ele seria rígido e sem atrativos.

- Imagine seu Mapa Mental sem todas as suas imagens, com seu poder vital diluído.

- Imagine seu Mapa Mental com mais de uma palavra por ramificação e visualize o quanto ele ficaria carregado.

- Imagine que as ramificações e palavras-chave de seu Mapa Mental têm tamanho desigual e veja como sua estrutura entraria em colapso.

- Agora imagine as desvantagens cumulativas da eliminação de todas as Leis – e visualize o tamanho do caos, da desordem e da desintegração que isso acarretaria...

4

Como Encontrar Soluções

Em algum estágio da sua jornada pelo Mapeamento Mental, você vai sentir que os Mapas Mentais simplesmente não estão lhe servindo para nada. Mas não desista! Este capítulo lhe oferecerá todas as soluções de que você precisa: dicas para fazer as perguntas corretas, como lidar com uma página desorganizada ou apinhada de informações e por que você se deve deixar orientar pela repetição dentro de um Mapa Mental. Ele lhe mostrará que o Mapa Mental sempre pode ajudá-lo a encontrar o caminho correto – tudo o que você precisa fazer é perseverar.

A perseverança é a chave do sucesso

Por usar as faculdades da associação e da imaginação e por sua lógica intrínseca, as Leis do Mapeamento Mental são manifestações das leis mais gerais do pensamento. Assim como as ramificações de um Mapa Mental alcançam novos espaços, as Leis do Mapeamento Mental podem ser aplicadas de infinitas maneiras. Estão sempre ali, como um mapa para orientar você ou como uma rede de segurança para proteger você; portanto, quando precisar de encorajamento ou estímulo, volte-se para elas.

Não desanime quando encontrar obstáculos em sua atividade de Mapeamento Mental. Lembre-se de que você já alcançou um estágio significativo em sua jornada. O fato de estar encontrando dificuldades pode ser apenas um indício de que está levando sua prática a um nível mais elevado. Se perseverar, enfrentar os obstáculos à medida que aparecerem e completar todos os exercícios deste livro, estará bem avançado no caminho rumo à maestria quando terminar de ler o livro.

Se estiver se deparando com problemas, é possível que tenha chegado a um estágio da jornada em que precisa clarear tanto sua abordagem do Mapeamento Mental quanto seu pensamento. Talvez lhe seja útil reler o Capítulo 3, "O Que *Não* é um Mapa Mental". Descobri que muita gente que considera estar passando por dificuldades no Mapeamento Mental não está trabalhando com Mapas Mentais de maneira alguma, mas com diagramas de aranha. Às vezes se esqueceram da importância das cores ou do uso de palavras-chave.

Muitas vezes, o que causa o problema não é o Mapa Mental em si, mas os medos que a pessoa acumula em torno dele. O medo é o grande assassino da mente. Se você estivesse num barco em meio a mares turbulentos, seguraria firme nas cordas, manipularia o leme e controlaria o timão; do mesmo modo, caso um dia se encontre em águas revoltas em sua atividade de Mapeamento Mental, aplique as Leis com mais rigor ainda.

Faça questão de verificar – e depois verificar de novo – se cada Mapa Mental está seguindo as Leis do Mapeamento Mental.

Dê uma boa olhada no Mapa Mental que parece não estar dando certo. Em seguida, torne a consultar as Leis do Mapeamento Mental no Capítulo 2 (p. 60) e releia-as com cuidado.

Imagine que seu Mapa Mental é um carro de Fórmula 1: no decorrer da corrida, você para nos boxes para que os mecânicos possam checar e consertar seu carro, de modo que possa correr mais depois. Do mesmo modo, faça um esforço para consertar seu Mapa Mental e continue garantindo que ele esteja sempre aplicando as Leis.

Se há um Mapa Mental que lhe parece particularmente problemático, tire uma cópia das Leis, deixe-as à sua frente e consulte-as enquanto examina o Mapa de maneira mais detalhada:

- **Você está trabalhando numa folha de papel não pautado com tamanho A4 no mínimo e colocada na horizontal?**
- **A imagem central está posicionada no centro da página e desenhada com pelo menos três cores?**
- **A imagem central atrai o olhar?**
- **Se a imagem central inclui uma palavra, por acaso essa palavra está em 3D para que fique interessante do ponto de vista tipográfico?**
- **As ramificações principais estão em cores diferentes?**
- **Há uma única palavra em cada ramificação?**
- **Um número saudável de sub-ramificações brota de cada ramificação?**
- **Você usou imagens em todo o mapa?**

Se a resposta a qualquer uma dessas perguntas for "não", faça outra versão de seu Mapa Mental, mas dessa vez observe rigorosamente as Leis. O mais provável é que chegue a um resultado muito melhor.

Um Mapa Mental sempre funciona bem quando é bem trabalhado.

Faça a pergunta correta

Quando se trata de alcançar excelentes resultados, as boas perguntas fazem toda a diferença. Fazer a pergunta correta é como mirar no centro do alvo uma flecha retirada da aljava da sua curiosidade e do seu intelecto.

Sempre que for criar um Mapa Mental, pense cuidadosamente na questão ou tema de que você quer tratar. Uma pergunta ou um tema bem definidos:

- **Desencadeiam os poderes da associação e da imaginação.**
- **Abrem-se para considerações e avaliações e não para simples respostas de sim ou não.**
- **Inspiram o pensamento crítico e analítico.**
- **Geram clareza.**
- **Desafiam seus pressupostos.**
- **Estimulam o desenvolvimento do pensamento.**
- **Alcançam um equilíbrio entre o conteúdo (quem? o quê? quando?) e o processo (como? por quê?).**
- **Inspiram uma reação positiva.**

Perguntas mal formuladas geram respostas falhas. Para evitar qualquer ambiguidade nas respostas, sua pergunta central deve ser curta, clara e precisa. Sempre que começar a considerar um tópico num Mapa Mental, concentre-se nele como um diretor de cinema que dá *zoom* em sua câmera.

Mapeamento Mental de uma boa pergunta

Releia os itens da *página ao lado.* Tendo-os bem claros na mente, faça um Mapa Mental que os capture e reflita sobre a natureza de uma questão ou um tópico eficazes.

Lembre-se de que o maior temor do artista é, muitas vezes, a tela em branco. O passo mais importante sempre são os primeiros traços que você faz. Use esse Mapa Mental para eliminar seu medo de pôr as ideias no papel. Faça os primeiros traços e depois faça outros! Lembre-se: o Mapeamento Mental é um processo em andamento, no qual você é chamado a fazer inúmeras perguntas, uma após a outra.

Olhe para seu Mapa Mental. Pergunte-se sobre sua pergunta central. Enquanto continua fazendo o Mapa Mental, sempre faça questão de verificar se ele está funcionando, e esteja preparado para reformulá-lo se for necessário.

Use imagens simples, mas poderosas

A imagem central deve ser simples mas notável, como a pergunta ou tema que você tem em mente – deve ter o impacto de um logotipo, mas com um pouco mais de cor. As linhas devem ser claras e definidas; a imagem central deve estar em foco.

A irradiação do Mapa Mental pela página, à medida que suas ramificações vão se preenchendo com símbolos e palavras, é um belo testemunho do fato de que seu cérebro está gerando mais ideias. Caso o Mapa Mental pareça superlotado, é porque você chegou num estágio em que precisa criar Minimapas Mentais – "filhos" do Mapa Mental inicial, que muitas vezes têm o potencial de crescer e tornar-se eles próprios Mapas Mentais adultos (ver p. 142).

Abra espaço para suas ideias

Digamos que o problema não esteja na imagem central. Você gosta dela: é colorida, eficaz e chama a atenção. Desperta imediatamente inúmeras associações em sua imaginação.

Se assim for, verifique os ramos principais do seu Mapa Mental. Você está olhando para um bosque fértil ou para uma mata fechada e espinhosa? O excesso de detalhes o impede de ver o todo?

A clareza é um elemento importante do Mapa Mental. Como na *ikebana*, a arte japonesa de arranjo de flores, que dá ênfase ao espaço e à assimetria, também as áreas ao redor de cada ramificação do seu Mapa Mental devem ser tão importantes, em alguns aspectos, quanto as próprias ramificações.

O espaço "negativo" nas criações artísticas ajuda a definir os limites dos objetos e acrescentam equilíbrio à composição.

Abrace a bagunça

No entanto, um Mapa Mental "bagunçado" está longe de ser um desastre. Não há necessidade de se penitenciar se o seu Mapa Mental acabar ficando assim. Em geral, a bagunça do Mapa Mental é um simples reflexo dos seus processos de pensamento no momento em que o criou. Talvez estivesse trabalhando rapidamente para registrar uma conversa ao telefone ou tomando notas para uma aula? Nesse caso, seu Mapa Mental vai refletir o desafio de desenhar em alta velocidade enquanto você acompanhava as idas e vindas de uma palestra ou discussão.

Se você acredita que seus Mapas Mentais são bagunçados, peço que você melhore o foco da sua câmera e dê outra olhada: mesmo que o Mapa Mental se espalhe caoticamente pela página e seja difícil de ler,

Uma observação sobre a bagunça

Chegou a hora de repensar a definição da palavra "bagunçado"!

Tradicionalmente, as noções de anotações "asseadas" e "bagunçadas", ou "limpas" e "sujas", foram definidas arbitrariamente – ouso dizer – por pessoas da área acadêmica que estão acostumadas com o pensamento linear. Para essas pessoas, as anotações "limpas" atêm-se às linhas da página como passarinhos presos com visco num galhinho de árvore, ao passo que as anotações "sujas" voam e pulam para lá e para cá, combinando palavras, sinais, símbolos e números.

Certas pessoas chegam a descrever como "sujas" as anotações de gênios como Leonardo da Vinci e Charles Darwin. O fato é que temos de repensar nossas definições:

Anotações coloridas, ramificadas e "bagunçadas" não são nada bagunçadas no que se refere a sua força e seu impacto!

Dado que as anotações lineares dificultam muito as associações, deixam passar em branco as conexões profundas e eliminam do cérebro a Língua Humana, será que devemos mesmo chamá-las "limpas"? Afirmo que as anotações lineares são verdadeiramente bagunçadas em vários aspectos, pois bagunçam o pensamento, a lógica, a criatividade, a autoconfiança, a alegria e o potencial de diversão. Chego mesmo a dizer que elas bagunçam a própria vida!

contente-se com o que você conseguiu fazer! Embora esse Mapa Mental não esteja muito bonito, será um excelente rascunho inicial que pode ser usado como base de um segundo Mapa Mental. Afinal de contas, a maioria dos grandes pintores fazia esboços antes de terminar suas obras-primas.

Antes de fazer um segundo Mapa Mental, verifique se a organização do primeiro está falha. Acaso algumas associações são fracas ou estão equivocadas?

Lembra-se de que, no Capítulo 2 (p. 104), Marek Kasperski comparou o Mapa Mental a um jardim? No seu segundo Mapa Mental, ponha de lado todas as ramificações e sub-ramificações desnecessárias para obter clareza. Se for preciso, reorganize as ramificações principais de tal modo que a sequência de suas Ideias de Ordenação Básicas (IOBs) se apoie na lógica e numa ordem numérica. As ramificações que você quiser conservar devem estar fixadas com firmeza em seu lugar e devem se espalhar de forma agradável – como árvores frutíferas apoiadas numa treliça bem robusta.

Depois de cortar todas as informações redundantes ou repetidas, é possível que apareçam novas ramificações que produzam frutos na forma de ideias e associações originais.

**Comece de novo seu Mapa Mental.
Como você vai melhorá-lo?**

Semeie Minimapas Mentais

No processo de revisitar seu Mapa Mental, você talvez descubra ideias ou perguntas que podem ser transformadas em Minimapas Mentais, especialmente se o desenvolvimento delas no Mapa Mental original o tornar problemático, complexo e difícil de decifrar. Os Minimapas Mentais orbitam o Mapa Mental principal como luas ao redor de um planeta. Exploram aspectos do Mapa Mental principal em detalhes sem deixá-lo superlotado.

Se houver espaço, um ou dois Minimapas Mentais podem ser colocados na mesma página do Mapa Mental principal. Se não houver espaço, devem ganhar sua própria página. Pense numa família em que, com o tempo, um dos filhos cresceu a ponto de precisar de um quarto só seu. Trate esses Minimapas Mentais como você trataria uma criança de verdade: não com desdém, mas com encorajamento. Em vez de reagir a eles com negatividade, alimente-os.

Os Minimapas Mentais tornam-se ferramentas especialmente úteis quando o Mapa Mental principal levanta mais perguntas do que respostas. Use o Minimapa Mental não somente para resolver digressões e questões subsidiárias, mas também para tratar de novas perguntas. Você pode até usar os Minimapas Mentais para explorar os dois lados de um argumento, o que é especialmente útil no ato de escrever uma dissertação, por exemplo. (Ver também o Capítulo 5, p. 169, que ensina a usar os Mapas Mentais para resolver conflitos.)

Oriente-se pela repetição

De vez em quando, você vai constatar que uma palavra aparentemente sem importância aparece repetidamente em diferentes ramificações de um Mapa Mental. Isso não é um problema de modo algum, mas uma descoberta.

Por meio da repetição, uma palavra-chave se torna uma

palavra chave chave

ou mesmo uma

palavra chave chave chave

Uma palavra que emigra para outra ramificação de um Mapa Mental não é desnecessária nem tediosa, mas o contrário disso: ressalta a força da ideia nela incorporada.

Caso você note que uma palavra se repete, sublinhe-a para que se destaque. Caso apareça três vezes, coloque um pequeno quadro ao seu redor sempre que aparecer; está claro que é importante. Se aparecer quatro vezes ou mais, está fazendo de tudo para chamar a sua atenção! Desenhe em três dimensões os quadros ao redor dela. Agora ligue os quadros entre si de modo a formar um quadro gigante ao redor de todo o seu Mapa Mental. Esse quadro gigante também deve ter três dimensões.

Seu Mapa Mental estará contido agora dentro de uma estrutura maior, pois uma palavra que no início lhe parecia relativamente insignificante acabou mostrando ter uma importância imensa.

Isso representa uma mudança de paradigma em seu pensamento – e é, portanto, um gigantesco passo à frente na sua maneira de lidar com uma questão –, pois mostra que você está reestruturando seu modo de compreender e abordar o assunto.

Recomendo vigorosamente que a palavra que chamou sua atenção dessa maneira seja usada como imagem central de seu próximo Mapa Mental sobre o assunto.

Resolva a indecisão

Muitas vezes, o próprio processo de criação de um Mapa Mental conduz a uma solução clara, pois permite que você enxergue a situação de maneira equilibrada. Caso o Mapa Mental não o convide a escolher um caminho claro de ação, é hora de pôr em ação o poder da intuição. Jogue uma moeda para cima e decida – cara ou coroa – qual das duas opções você vai levar adiante. Repare na força da sua reação e procure identificar se é de decepção ou alegria; depois, deixe seus sentimentos decidirem qual das duas escolhas é melhor para você.

Se ainda assim não conseguir decidir, aprofunde-se no dilema por meio do uso de novos Mapas e Minimapas Mentais: não deixe a decisão para amanhã. A procrastinação é contraproducente e esgota a mente, ao passo que a escolha de um curso claro de ação é libertadora, energizante e conduz a uma experiência vivida imediata, mesmo que essa experiência não atenda às suas expectativas. Sempre é melhor ser proativo e fazer algo do que afundar de modo improdutivo no pântano da inércia.

Siga sempre em frente!

Se você produzir um Mapa Mental e reagir a ele de maneira vigorosamente negativa, não desanime!

A persistência é essencial no Mapeamento Mental, e aconselho você a "tentar, tentar e TENTAR de novo"!

Esse é o mantra de todos os professores; se você quiser atingir a maestria em qualquer campo – inclusive no Mapeamento Mental –, a persistência é tudo. A atividade de Mapeamento Mental vai fortalecer sua capacidade de perseverar, pois vai lhe oferecer soluções, o ajudará a resolver problemas e, nesse processo, lhe dará energia para continuar tentando.

Eu já disse que você não precisa de grande capacidade artística para se tornar um especialista consumado em Mapeamento Mental: quanto mais Mapas Mentais você criar, mais hábil se tornará nessa arte. No entanto, se a sua falta de habilidade artística realmente o incomodar, talvez você considere útil o *software* iMindMap, especialmente se o utilizar junto com a criação de Mapas Mentais desenhados à mão. Esse *software* gera automaticamente ramificações grossas e orgânicas para suas IOBs e ramificações menores para as ideias subsidiárias. Também inclui uma biblioteca com milhares de imagens de alta qualidade. (Para mais informações, ver o Capítulo 6, p. 198.)

Caso encontre um obstáculo quando estiver fazendo o Mapeamento Mental, lembre-se de que esse processo nunca é linear. Você não precisa ficar martelando repetidamente um problema. Dê um passo para o lado com elegância e explore outro caminho!

Torne a montar no cavalo que o derrubou

Talvez a própria ideia de criar um Mapa Mental tenha passado a assustá-lo: você se sente ansioso com a possibilidade de não fazê-lo "corretamente" e pensa que suas ideias não são boas o bastante; não gosta do seu jeito de desenhar; está decepcionado com os resultados finais. Nesses casos, eu sugeriria o seguinte:

Livre-se de suas preocupações mapeando a sua mente!

O Mapa Mental pode ser um excelente recurso para a autoanálise e para lidar com problemas pessoais como a ansiedade, a timidez, o perfeccionismo, o desânimo e a decepção. Se você não estiver contente com os seus resultados, faça um Mapa Mental que fale sobre essa experiência.

Você poderia começar, por exemplo, com uma imagem central que representasse você desanimado. Agora faça um Mapa Mental rápido expressando de forma aberta e sincera os pensamentos e sentimentos dúbios que você tem acerca do processo de Mapeamento Mental.

O próximo passo é trabalhar esse esboço inicial e transformá-lo num Mapa Mental mais equilibrado e analítico, com Ideias de Ordenação Básicas (IOBs) que explorem suas emoções de modo mais profundo. Considere, por exemplo:

- **Como estão seus sentimentos – se existem vários sentimentos sobrepostos.**
- **A sensação física que eles lhe provocam.**
- **Como eles influenciam o seu comportamento.**
- **Como eles impactam a sua vida.**
- **Outras situações em que você tem sentimentos semelhantes.**

■ **Acontecimentos passados em que esses sentimentos talvez tenham origem.**
■ **Se você precisa de ajuda externa para lidar com esses sentimentos.**

Examine todos os aspectos das suas emoções e as experiências que as causam ou que têm relação com elas. Depois de fazer isso e ter uma compreensão mais clara do que lhe está acontecendo, você perceberá que já está a meio caminho de exorcizar os bichos-papões emocionais que estão azedando sua apreciação dos Mapas Mentais. Muitas vezes, o simples ato de escrever sobre um problema pode aliviá-lo e ajudar você a vê-lo com um certo distanciamento.

Resolva qualquer problema com o Mapeamento Mental

Já aconteceu de você ficar acordado à noite sem conseguir dormir, preocupado com um problema? Quanto mais tempo você fica ali deitado, pensando nele, pior o problema parece se tornar. Toda vez que você pensa nele, outra complicação se apresenta em primeiro plano. Chega uma hora em que você se vê diante de um gigantesco nó sem começo nem fim.

Quando se levanta de manhã, o problema parece assumir proporções mais modestas. À luz do dia, já não parece tão assustador nem tão difícil de resolver. Muitas vezes, tudo o que você precisa é de um momento de calma e de reflexão. Com efeito, às vezes basta escrever sobre o problema para encontrar um caminho… Para criar um momento de tranquilidade e ver o problema com certo distanciamento, faça um Mapa Mental sobre ele.

Comece por desenhar uma imagem central que ou tenha uma relação específica com o assunto em questão ou trate, de maneira mais geral, da questão de "resolver problemas". Nas ramificações, você pode começar definindo o problema e suas causas e depois passar a explorar seus efeitos positivos e negativos. Uma ramificação pode tratar de como encontrar ajuda para lidar com o problema; lembre-se de que sua reação a uma situação difícil é a única sobre a qual você tem total controle, e a autoajuda pode ser tão importante quanto a ajuda que outras pessoas lhe dão. Depois, seu mapa mental pode tratar do planejamento e, por fim, dos estágios práticos da solução do problema.

Faça questão de que as palavras e imagens do seu Mapa Mental sejam positivas e inspiradoras para que seu pensamento seja radiante e não redutivo. Evite usar um número demasiado de palavras negativas, pois estas podem ser improdutivas e minar sua autoconfiança. As imagens, além de serem lembretes de o que você precisa fazer, podem também servir de inspiração – no exemplo *ao lado*, um coração pulsante simboliza a "coragem", ao passo que uma porta aberta representa a "abertura". Tenha seus símbolos em mente; usando a visão geral que o Mapa Mental lhe proporciona, você começará a enxergar o caminho que o levará a uma solução viável.

Uma vez que o Mapa Mental imita o modo de funcionamento do cérebro e o estimula a agir, o ato de fazer esse Mapa Mental porá em ação seus processos de pensamento: em vez de permanecer paralisado em razão da ansiedade ou de entrar no modo de fuga, você terá energia e clareza para lutar e resolver seu dilema. Analisando seus sentimentos dessa maneira, poderá identificar e resolver tendências emocionais que o têm impedido de aproveitar a vida de maneira mais geral.

Em vez de se fechar com notas lineares, deixe que o Mapa Mental o abra para o mundo!

MAPA MENTAL PARA RESOLVER UM PROBLEMA

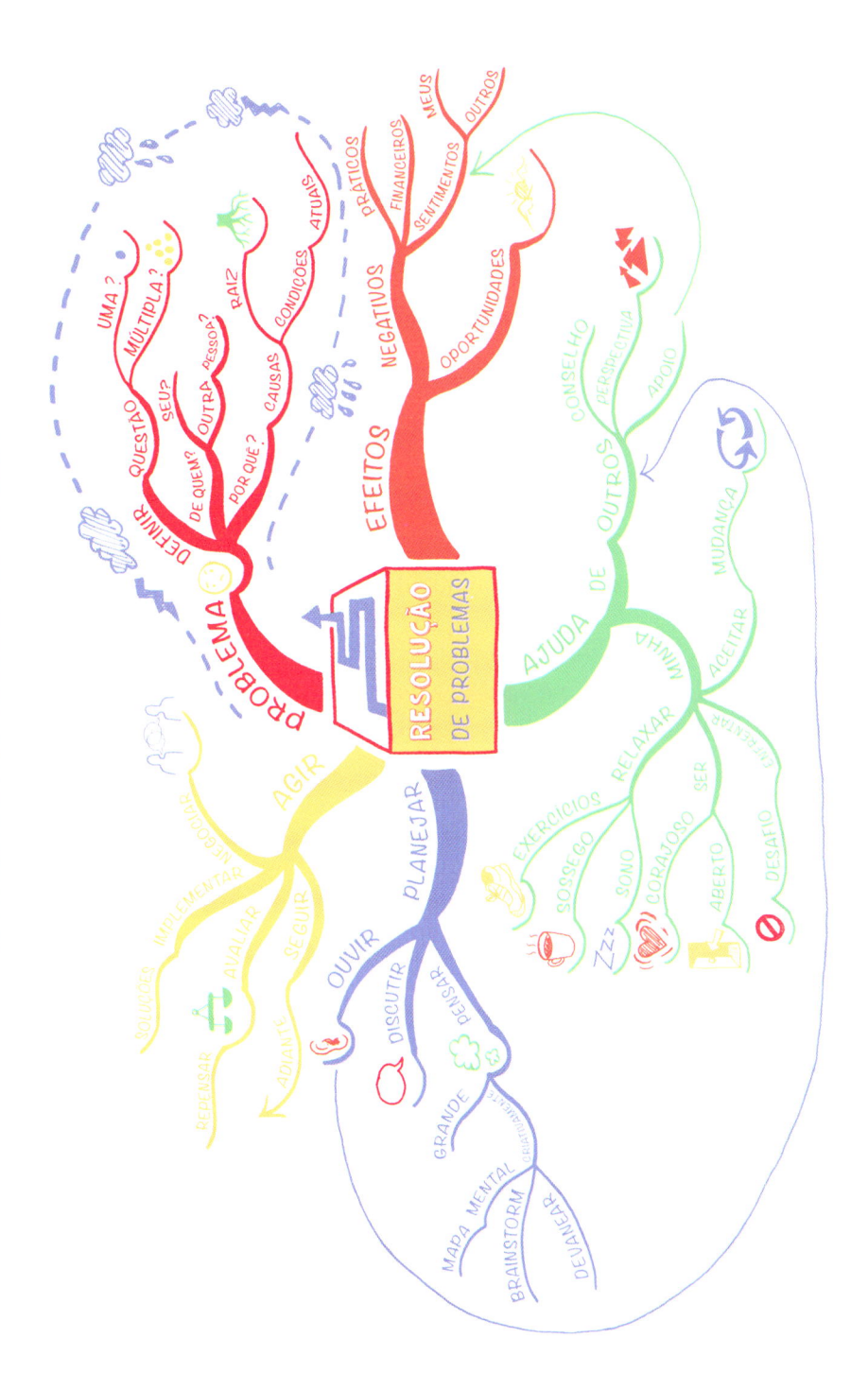

A magia de pensar grande

Os Mapas Mentais são excelentes para se encontrar um caminho.

Arif Anis é um *coach* de fama internacional e um autor de *best-sellers* que teve o privilégio de dar consultoria a líderes de grandes empresas, chefes de Estado, estrelas de cinema e CEOs; mas a vida dele nem sempre foi assim. Ele é a prova viva do poder dos Mapas Mentais de resolver problemas. Já esteve desanimado e confuso, mas os Mapas Mentais o ajudaram a resolver o problema de como direcionar sua vida, e depois disso ele não parou mais de usá-los. Hoje é um escritor e homem de negócios de sucesso, uma usina de ideias e uma inspiração para todos os que o conhecem. Esta é sua história:

> É como dizem: se você tem sorte e uma vontade forte de aprender, não é você que encontrará seu professor, mas seu professor que o encontrará – e foi assim que conheci os Mapas Mentais numa época crítica da minha vida.
>
> Depois de me pós-graduar em psicologia, saí da universidade com o coração pesado. Estava perplexo, confuso e amedrontado. A vida fora do *campus* me assustava. O que fazer? Que caminho escolher? Qual seria minha carreira pelo resto da vida? E se eu fizesse uma escolha errada? O medo do desconhecido me paralisava.
>
> O número de opções que eu tinha era muito grande, e era difícil separá-las umas das outras. Eu parecia ter me perdido no abismo da vida – e foi aí que encontrei os *best-sellers* de Tony Buzan sobre Mapas Mentais na livraria local. Minha vida nunca mais foi a mesma.

Comecei a desenhar Mapas Mentais, péssimos a princípio. Mas naquelas cores e imagens havia algo que me atraía... Aos poucos, o caminho começou a se abrir à minha frente e se tornava mais claro a cada passo que eu dava. Por fim, fui capaz de ver a autoestrada e saber para onde ela estava me levando. Comecei a recuperar a autoconfiança. Eu tinha agora uma missão; sabia claramente o que queria da vida e como chegar lá. Enxerguei o quadro maior com toda a nitidez e em todas as suas nuances. Dali para a frente, tudo mudou.

Quando penso nos principais marcos da minha vida, todos eles têm algo em comum: os Mapas Mentais. No meu primeiro emprego como psicólogo *trainee*; na preparação para o concurso mais concorrido do Paquistão, que atraía os melhores entre os melhores para ocupar cargos importantes na burocracia civil; no planejamento do meu casamento; ao escrever meus *best-sellers* – em tudo isso, os Mapas Mentais deram sinergia e clareza a minhas decisões e produziram resultados.

Para minha surpresa, passei no concurso mais concorrido do país depois de meros quarenta dias de estudo. E sabia que conseguiria realizar ainda mais em menos tempo. Minha produtividade quadruplicou, assim como minhas opções e escolhas na vida. Já não era mais a vida quem me empurrava para lá e para cá e determinava meus movimentos. Eu sabia o que queria e como iria chegar lá.

Hoje tenho o privilégio de ensinar Mapas Mentais a milhares de pessoas no Paquistão. Entre elas há estudantes, *trainees*, estagiários, funcionários públicos, publicitários, vendedores, médicos e gente de muitas outras profissões. Os Mapas Mentais já alcançaram dezenas de faculdades, universidades, empresas e instituições de treinamento e inspiraram milhares de pessoas a conquistar o mundo, cada uma em seu ramo.

Os Mapas Mentais também inspiram a próxima geração de minha famíiia. Meus filhos Sarosh e Faroqlee conheceram os Mapas Mentais com 4 anos de idade e apaixonaram-se no mesmo instante pelo processo. No começo os usavam para expressar-se e planejar as viagens de férias da família. Aos poucos se tornaram aficionados; eu e minha esposa Uzma encontrávamos Mapas Mentais por toda parte – nas paredes, nos armários e nos sofás. Hoje os Mapas Mentais constituem uma das ferramentas mais importantes nos estudos deles. Mais que isso, o Mapeamento Mental os ensinou a exercitar os músculos de seu pensamento sem deixar de acessar seus instintos criativos.

Tenho orgulho de dizer que temos uma família de "Mapeadores Mentais"!

5

As Infinitas Aplicações dos Mapas Mentais

Você tem nas mãos uma ferramenta de pensamento incrivelmente poderosa e está pronto a conduzi-la a um patamar superior. O que você pretende fazer agora com os Mapas Mentais e como vai usá-los para melhorar sua vida e a das outras pessoas? Este capítulo sugere um grande número de diferentes aplicações e traz orientações sobre como usar técnicas avançadas de Mapeamento Mental nas áreas fundamentais da sua vida exploradas no Capítulo 2: lar, trabalho, educação, criatividade, bem--estar e memória.

Ferramentas para uma abordagem lógica e intuitiva

O Mapa Mental trabalha com nossa Língua Humana inata. Vimos no Capítulo 2 que todos nós nascemos falando fluentemente essa língua (ver p. 34): mesmo na primeira infância, nosso aprendizado toma a forma de um Mapa Mental na nossa cabeça. Uma vez que o Mapa Mental se baseia no modo pelo qual instintivamente vemos o mundo, é natural que tenha infinitas aplicações, cada uma delas tão individual quanto cada um de nós.

Por meio de suas infinitas aplicações, o Mapa Mental evoluiu e se tornou uma metalinguagem: a linguagem da própria linguagem.

Essa metalinguagem fala tanto com o lado lógico quanto com o lado intuitivo do cérebro. Pelo fato de os Mapas Mentais darem ênfase às forças da associação e da imaginação, certas pessoas creem que eles não servem para finalidades técnicas ou processos racionais, como a matemática. Isso simplesmente não é verdade.

Já vimos que os Mapas Mentais são altamente lógicos, pois têm sua raiz na lógica da associação (ver Capítulo 3, p. 130). São extremamente estruturados e sujeitos às Leis do Mapeamento Mental, as quais, se forem seguidas, sempre garantirão que os Mapas sejam claros e úteis. Essas leis encorajam os usuários a adotar uma abordagem ordenada na estruturação de um Mapa Mental. Além disso, os usuários mais afeitos ao pensamento lógico poderão trabalhar as associações de cada grande ramificação antes de passar à ramificação seguinte em seus Mapas Mentais.

A estrutura dos Mapas Mentais os torna particularmente adequadas aos temas que se prestam à categorização e a uma análise processual, como a física, a química e a matemática. Foi isso que o Dr. Dilib

Os Mapas Mentais como um chamado à ação

Dominic O'Brien, que gentilmente escreveu o prefácio deste livro, já ganhou vários campeonatos mundiais de memória e é autor de *best-sellers* sobre técnicas de memorização. É também um grande defensor dos muitos benefícios e aplicações do Mapeamento Mental:

> Para mim, os Mapas Mentais são um meio excelente de vencer a procrastinação. Às vezes, a ideia de começar a escrever um novo livro ou preparar um novo curso de memorização me assusta: com tantos tópicos para cobrir, é fácil cair na armadilha do "Por onde começar?".
>
> Quando pego uma folha de papel A4 e a coloco à minha frente na horizontal, consigo mergulhar de cabeça num projeto e anotar as ideias que tenho na hora. Na maioria das vezes, os primeiros pensamentos que me saem da cabeça são os tópicos que mais preciso tratar. Por isso, o Mapa Mental me permite priorizar o que é essencial num projeto.
>
> Acertar a sintonia fina da ordem dos tópicos a serem apresentados se torna muito mais fácil quando tenho uma imagem deles bem à minha frente. Em regra, sigo este primeiro processo quando:
>
> - **Escrevo um novo livro ou artigo sobre a memória.**
> - **Organizo um seminário ou uma palestra.**
> - **Me preparo para uma reunião importante.**
> - **Reúno os detalhes que preciso saber acerca de um novo cliente.**

- **Procuro compreender um tema complexo, quer se trate de política ou de uma descoberta da ciência.**
- **Vou mudar de casa ou preparar uma agenda de viagem.**

Quero priorizar as coisas a fazer.

Talvez esta última – priorizar – seja o uso mais benéfico e importante que dou aos Mapas Mentais. Às vezes é fácil ficar preso no presente, e acabo me dedicando em demasia a coisas que depois reconheço como triviais. O Mapa Mental de coisas a fazer me ajuda a dar um passo atrás e me lembrar das grandes coisas que quero realizar na vida.

Já se disse muitas vezes que o Mapeamento Mental é o "canivete suíço do cérebro". Na minha experiência, essa é mesmo a melhor descrição dele!

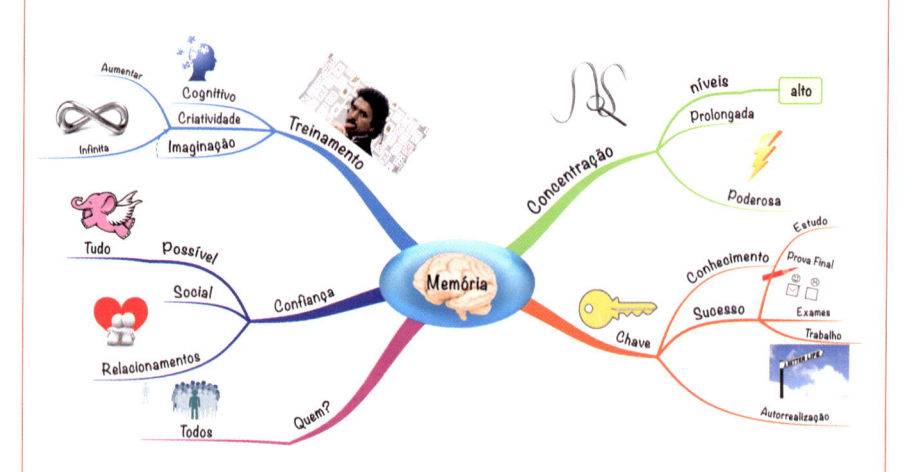

Mapa Mental sobre os benefícios do Mapeamento Mental, de Dominic O'Brien

Abayasekara descreveu no Capítulo 2 (p. 96), quando discutiu o uso de Mapas Mentais no seu trabalho de laboratório. Os Mapas Mentais são instrumentos úteis para decompor os temas científicos nos elementos que os constituem e, assim, proporcionar uma visão geral da questão.

O Mapa Mental também pode atuar como um estímulo direto, incitando-nos à ação. A citação a seguir, uma das minhas favoritas, é do montanhista e escritor escocês W. H. Murray, que destaca como todas as coisas parecem entrar no lugar quando nos comprometemos com algo. E a criação de um Mapa Mental é o meio ideal para fazer esse compromisso:

> **No que se refere a todos os atos de iniciativa (e criação), há uma verdade elementar cujo desconhecimento mata inúmeras ideias e planos esplêndidos: no momento em que nos comprometemos em definitivo, a Providência passa a agir também.**
>
> **W. H. Murray, *The Scottish Himalaya Expedition***

As 99 aplicações

Ao lado das muitas histórias de pessoas cujas vidas foram completamente transformadas pelo Mapeamento Mental, a presença de milhões de Mapas Mentais e Protomapas Mentais na internet hoje em dia vai evidenciando de modo cada vez mais claro que o número de aplicações dos Mapas Mentais é infinito!

Na página seguinte damos uma amostra dessas aplicações: 99 áreas de investigação que os Mapas Mentais podem ajudar a explorar para o benefício de todos nós. Use essa lista como inspiração e como ponto de partida para suas aventuras no mundo do Mapeamento Mental. Eu gostaria muito de saber como você vai progredir nesse caminho.

AS 99 PRINCIPAIS APLICAÇÕES DOS MAPAS MENTAIS

Lar:

Organizar viagens	Laços familiares	Planejar o futuro
Atividades caritativas	Amizades florescentes	Relacionamentos
Escolher o nome de um bebê	Harmonia conjugal	Compras
Escolher um animal de estimação	Mudar de casa	Dar um jantar
Escrever um diário	Arrumar malas	Pesar prós e contras

Trabalho:

Crescimento da empresa	Estabelecer metas	Organizar ideias
Criar um CV	Tomar decisões	Planejar reuniões
Criar estratégias	Gestão	Apresentação
Planejamento de eventos	Gestão de contatos comerciais	Alcançar metas
Encontrar emprego	Gestão de finanças	Estratégia de vendas
Projeções para o futuro	Atas de reuniões	Resumir informações
Ser promovido	Organização	Análise de equipe

Educação:

Arqueologia	Escolher uma faculdade	Explicar uma supernova
Astronomia	Criar definições	Explicar a estrutura de uma árvore
Biologia	Economia	Geografia
Botânica	Engenharia	Gramática
Química	Explicar um neurônio	História

TI	Matemática	Revisão para provas
Línguas	Medicina	Ciências
Direito	Física	Projetos escolares
Literatura	Matemática	Técnicas de estudo
Mapeamento do cosmos	Política	Zoologia
Criatividade:		
Artes	Decorar uma sala	Apreciar música
Compor música	Projetar um edifício	Poesia
Rabiscar criativamente	Drama	Compreender a arte conceitual
Criar Mapas Mentais artísticos	Fazer o paisagismo de um jardim	Compreender a Língua Humana
Pensamento criativo	Manifestar os pensamentos	Escrever um livro
Bem-estar:		
Encontrar a felicidade	Saúde mental	Decidir por um tratamento
Saúde holística	Saúde física	Espiritualidade
Planejamento de vida	Autoanálise	Compreender os medos
Memória:		
Ginástica cerebral	Melhorar o pensamento radiante	Lembrar do que se aprendeu
Capturar conhecimento	Mapear as cidades do pensamento	Lembrar de um roteiro ou trama
Melhorar a memória	Fazer anotações	Compreender um texto

Esquentando os motores para fazer Mapas Mentais

A finalidade deste exercício é embutir os elementos fundamentais do Mapeamento Mental no desenho das suas células cerebrais, para que o domínio dos Mapas Mentais se torne como uma segunda natureza em você.

Em quatro estágios, o Mapa Mental da "blitz" liberta o cérebro da prisão de repetir sempre os mesmos pensamentos, permitindo que ele siga a partir daí uma curva de aprendizado bem rápida. À medida que o tempo que você passa fazendo os Mapas Mentais vai aumentando, de 5 minutos para 10 e depois para 20, você vai perceber que, quando o cérebro realmente toma ciência de o que é um Mapa Mental, ele se libera para expressar seus pensamentos naturais. Como um corredor que encontra o melhor ritmo, o cérebro é então capaz de "respirar" com muito mais liberdade e, nos exercícios mais longos, inspirar e expirar de modo cada vez mais agradável e produtivo.

Vamos começar:

Leia as 99 principais aplicações dos Mapas Mentais (ver p. 160).

Agora escolha um tópico e faça um Mapa Mental sobre ele. O limite de tempo para esboçar esse Mapa Mental é de 5 minutos. A ideia é você se soltar, como os artistas que fazem vários esboços rápidos antes de se sentar para terminar uma obra-prima.

Depois de uma rápida pausa, escolha outro tópico de uma categoria diferente (p. ex., "Educação" em vez de "Lar"). Faça um Mapa Mental em 10 minutos.

Repita o processo com um terceiro tópico de outra categoria. Complete o Mapa Mental em 15 minutos.

Escolha um quarto tópico de uma das categorias remanescentes. Termine esse Mapa Mental em 20 minutos.

Compare a quantidade de detalhes e a originalidade dos quatro Mapas Mentais à medida que progridem de um estágio primário para outro mais desenvolvido. Depois imagine o quanto mais você seria capaz de criar se tivesse uma hora para criar um Mapa Mental de busca de soluções.

Dê outra boa olhada nos Mapas Mentais. De qual você gosta mais? Por quê?

Agora, ou quando tiver outra oportunidade, trabalhe o Mapa Mental de que gosta mais até que ele lhe pareça completamente acabado, ou use-o como base para outro Mapa Mental sobre o mesmo tema.

MAPEAMENTO MENTAL AVANÇADO EM CASA

O restante deste capítulo vai explorar alguns exemplos de como levar um passo além a prática de fazer Mapas Mentais, usando-os para lidar com situações complexas e difíceis e para ver o quadro geral de o que você quer em todas as áreas da sua vida.

Planejamento do tempo com Mapas Mentais

Com os Mapas Mentais, você pode ir muito além de fazer a agenda da semana. Eles também são excelentes para fazer o planejamento de cada dia; do mesmo modo, podem ser usados para delinear o cronograma de um mês inteiro ou até de um ano. O Mapa Mental de planejamento pode ser usado tanto para você planejar sua vida quanto para avaliá-la; pode ajudá-lo a esclarecer suas prioridades e garantir que você seja dono do próprio tempo, alcançando um equilíbrio saudável entre o trabalho e as atividades de lazer. Em vez de se tornar escravo de um cronograma que não é seu ou que não atenda a seus interesses, o Mapa Mental de agenda é um meio poderoso para garantir que seus dias sejam literalmente coloridos!

O Mapa Mental que uso para planejar meu dia é cheio de imagens, códigos, cores, palavras-chave e símbolos-chave. O tópico mais importante do dia sempre inspira a imagem central. Geralmente uso cinco ramos principais: "manhã", "almoço", "tarde", "noite" e "diversos", embora às vezes esses ramos principais e os eventos a eles relacionados possam gerar cinco Minimapas Mentais separados que rodeiam o Mapa Mental central como as luas de um planeta.

O Mapa Mental central se liga ao desenho de um relógio no alto da página, à esquerda (como descrito no exercício da p. 166). Imagens, símbolos e códigos são colocados nos locais onde ficariam as horas do relógio, dando-me uma visão instantânea do que quero fazer nas horas seguintes. Ao contrário de uma agenda convencional e linear, que poderia listar somente as horas entre 8 da manhã e 6 da tarde, os relógios do meu Mapa Mental para planejar o dia se dividem em 24 horas. Gosto de começar o dia à meia-noite porque, como muitos outros pensadores criativos, descobri que o cérebro pode ser muito produtivo de madrugada. Posso decidir, por exemplo, ficar da meia-noite às 3 da manhã concentrando-me num novo projeto, escrevendo, desenhando Mapas Mentais ou resolvendo problemas.

As imagens do meu Mapa Mental de planejamento do dia se ligam, por sua vez, às do planejamento do mês, de modo que ambos os Mapas Mentais trabalham juntos, como engrenagens numa máquina. Meu planejamento mensal mostra imagens e palavras-chave relacionadas com os eventos mais importantes do mês, além das atividades a que sempre gosto de me dedicar, como correr, remar e dar palestras.

As entradas dos meus Mapas Mentais de planejamento diário e mental trabalham em simbiose: a visão geral do mês desperta minha memória do que vai acontecer em cada dia, e os dias despertam memórias do mês. Sempre que vejo o planejamento diário, é como se visse alguns *flashes* do filme da minha vida.

Antes de inventar o Mapeamento Mental e desenvolver esse esquema de planejamento diário e mensal integrados, eu costumava esquecer muito do que me acontecia. Agora, o Mapeamento Mental me refresca a memória, e pretendo continuar usando-o até o dia em que eu morrer! Espero que, quando você descobrir os muitos benefícios e prazeres dos Mapas Mentais, o mesmo aconteça com você.

Além de mapear sua agenda mensal, você pode usar um Mapa Mental para criar uma agenda do ano. Um Mapa Mental desse tipo pode ter uma ramificação para cada mês, ao passo que as sub-ramificações terão a ver com as preocupações e considerações mais prementes daquele mês. Trata-se de um recurso excelente para planejar eventos importantes, como casamentos, viagens e festas. Também uso a agenda anual para garantir que o ano contenha um equilíbrio saudável de trabalho, viagens, escrita e lazer.

Hora a hora

Tente fazer um Mapa Mental para planejar o dia de hoje.

Comece desenhando um relógio no canto superior esquerdo da página. Divida-o em 24 segmentos.

Preencha os segmentos do relógio com palavras, imagens e códigos adequados, evidenciando o seu uso do tempo.

Qual é a coisa mais importante em que você precisa pensar ou que precisa fazer hoje? Use-a para inspirar a imagem central do Mapa Mental. No espaço abaixo do relógio, desenhe a imagem central e deixe bastante espaço ao redor dela.

Agora crie ramificações que nascem da imagem central e se relacionem com as principais áreas ou temas do seu dia. Pinte-as em diferentes cores. Crie sub-ramificações a partir das ramificações principais.

Ligue as ramificações principais e as sub-ramificações ao relógio quando for necessário, usando setas, de modo que as duas trabalhem em harmonia – como um relógio!

Há algum evento, experiência ou consideração que mereça ser transformado num Minimapa Mental ao redor do Mapa Mental central?

Quando terminar, pense: quais perspectivas o Mapa Mental oferece quanto a seu aproveitamento do tempo?

MAPEAMENTO MENTAL AVANÇADO NO TRABALHO

A comunidade empresarial adotou o Mapeamento Mental com um entusiasmo incrível. Às vezes, os resultados não foram plenamente satisfatórios: como vimos no Capítulo 3, nem todos os diagramas que pretendem ser Mapas Mentais o são realmente. Por outro lado, quando as Leis são seguidas como devem ser, os Mapas Mentais podem dar resultados espetaculares no ambiente de trabalho, onde têm uma gama infinita de aplicações em projetos de pesquisa, criação de apresentações, redação de relatórios anuais, gestão do tempo, criação de ideias, negociação e pensamento estratégico.

Se essas aplicações forem levadas um passo adiante, os Mapas Mentais podem ser usados para planejar em grande escala a visão de uma empresa e encontram também outros usos sofisticados, como a resolução de disputas dentro da empresa (ver p. 169). Num nível individual, podem ajudar você a decidir qual caminho de carreira seguir, além de como planejar sua estratégia para ser promovido.

Tomada de decisões

No Capítulo 4, vimos como resolver a indecisão ao considerar o resultado de um Mapa Mental. Agora vamos ver de que modo os Mapas Mentais podem ser muito úteis na tomada de decisões, permitindo-nos vislumbrar num só olhar os prós e contras de uma situação. É claro que essa habilidade é útil em qualquer campo da vida, mas talvez seja mais valiosa no local de trabalho.

As decisões que consistem numa simples resposta "sim ou não" são chamadas diádicas (do grego *dyas*, que significa "dois"). Para usar um Mapa Mental a fim de tomar uma decisão diádica, crie-o como se fosse qualquer outro Mapa Mental, começando com uma imagem central forte e usando a imaginação, a associação e a intuição para criar ramificações principais relacionadas com as coisas mais importantes que você quer levar em consideração.

Ao fazer um Mapa Mental que o ajude a tomar uma decisão, saiba que as cores e imagens colocadas em diferentes ramificações lhe darão pistas sobre o funcionamento sutil do seu subconsciente, revelando talvez preferências ocultas por meio do uso de cores favoritas para as coisas de que você gosta, ou de cores e imagens menos apreciadas para aqueles de que não gosta.

Quando terminar o Mapa Mental sobre seu dilema, pare um pouco e experimente o seguinte:

- **Quais sentimentos se produziram em você quando criou o Mapa Mental? Sentiu alguma emoção particularmente forte quando trabalhou em alguma das ramificações? Ou alguma delas o deixou completamente indiferente?**
- **Você teve um momento "eureca" em qualquer estágio do processo? Foi capaz de entrever o caminho à sua frente antes mesmo de terminar o Mapa Mental?**
- **Atribua a cada palavra-chave em cada um dos dois lados do Mapa Mental uma nota de 1 a 100 de acordo com sua importância. Some as notas do lado "sim" e as do lado "não". Qual total é maior? O total maior ganha – mas como você se sente diante desse resultado?**
- **Se ainda não sabe exatamente como proceder ou de qual é a sua reação ao plano de ação sugerido pelo Mapa Mental, faça uma pausa. Deixe o Mapa de lado e dê tempo para que a resposta surja.**
- **Se nada disso o levar a uma decisão, lembre-se do processo descrito no Capítulo 4 (p. 144) acerca de como lidar com a indecisão.**

Quer você esteja decidindo se deve redecorar o quarto, mudar de casa, fazer um tratamento proposto pelo médico ou aceitar um novo emprego, o Mapa Mental pode atuar como um leal companheiro ao longo do caminho, ajudando-o a enfrentar com equanimidade as grandes (e pequenas) decisões da vida.

Os Mapas Mentais e a arte de resolver conflitos

Os Mapas Mentais em geral são criados por indivíduos como ferramentas do pensamento altamente personalizadas, mas também podem ser muito produtivos quando criados em conjunto. Nesse nível mais avançado, podem constituir um meio utilíssimo e compensador de explorar o ponto de vista de outra pessoa juntamente com o seu, para encontrar o que vocês têm em comum e para resolver disputas.

Antes de tentar criar um Mapa Mental conjunto para resolver um desacordo ou um mal-entendido, você precisa ter experiência suficiente em Mapeamento Mental para sentir que as Leis são como uma parte da fibra do seu ser!

Assim, conhecerá o processo com certeza absoluta antes de procurar orientar outra pessoa.

Há duas abordagens possíveis ao uso do Mapeamento Mental na resolução de conflitos. A primeira envolve duas ou mais pessoas trabalhando juntas num único Mapa Mental, revezando-se para acrescentar ramificações, explorar associações e discutir a abordagem. No segundo método, as partes envolvidas trabalham em Mapas Mentais separados, os quais são então partilhados, comparados e discutidos.

Descobri que a melhor maneira de proceder consiste em apresentar primeiro os problemas e depois os pontos positivos, tudo isso antes de chegar a um acordo quanto às soluções. Dessa maneira, a discussão tende a permanecer mais animada e a chegar a uma conclusão positiva, em vez de se deteriorar numa espiral de negatividade.

Seja qual for a abordagem por você adotada, é importante que todos tenham direito a voz; que falem com sinceridade e franqueza; e que respeitem as opiniões dos demais, quer concordem com ela, quer não. Caso a interação comece a esquentar, pare e espere que esfrie. Retome então a discussão, mantendo o foco nas informações do(s) Mapa(s) Mental(is) em vez de ceder à tentação de recorrer a críticas ou ataques pessoais.

Como se vê no exemplo *ao lado*, um Mapa Mental de resolução de conflitos pode começar definindo a questão em pauta; cada participante talvez possa contribuir com palavras-chave que resumam a situação segundo seu ponto de vista. A ramificação seguinte pode explorar os efeitos da situação, cobrindo não somente os negativos, mas também os positivos (se houver), e examinando áreas como o impacto sobre a equipe e os sentimentos pessoais. Vocês podem, em seguida, tratar daquilo que acreditarem ser necessário para resolver a situação, bem como aquilo que querem (necessidades e quereres nem sempre são a mesma coisa). Por fim, o Mapa Mental pode explorar soluções construídas sobre as ideias descobertas durante o processo.

Uma vez terminada a interação, a criação de um Mapa Mental conjunto baseado nas soluções pode ser um passo positivo. Uma abordagem possível está ilustrada *ao lado*: cada um dos dois participantes usa uma cor que o identifique (azul e vermelho) a fim de destacar seus sentimentos e ideias em vez de dar a cada ramificação a sua própria cor, como geralmente se faz no Mapeamento Mental. Nos casos em que as duas pessoas têm o mesmo sentimento, usam-se as duas cores; uma terceira cor (roxo) é usada para a ramificação que identifica a solução obtida em comum.

TRABALHAR PARA VIVER, VIVER PARA TRABALHAR

Acho que devo ser um sério concorrente ao detentor do melhor emprego do mundo: conheço pessoas fascinantes, viajo pelo mundo inteiro e compartilho minha paixão pelos Mapas Mentais, testemunhando em primeira mão o modo como transformam radicalmente a vida de outras pessoas. Na verdade, é incrível! Depois de chegarmos à idade adulta,

MAPA MENTAL PARA RESOLVER UM CONFLITO

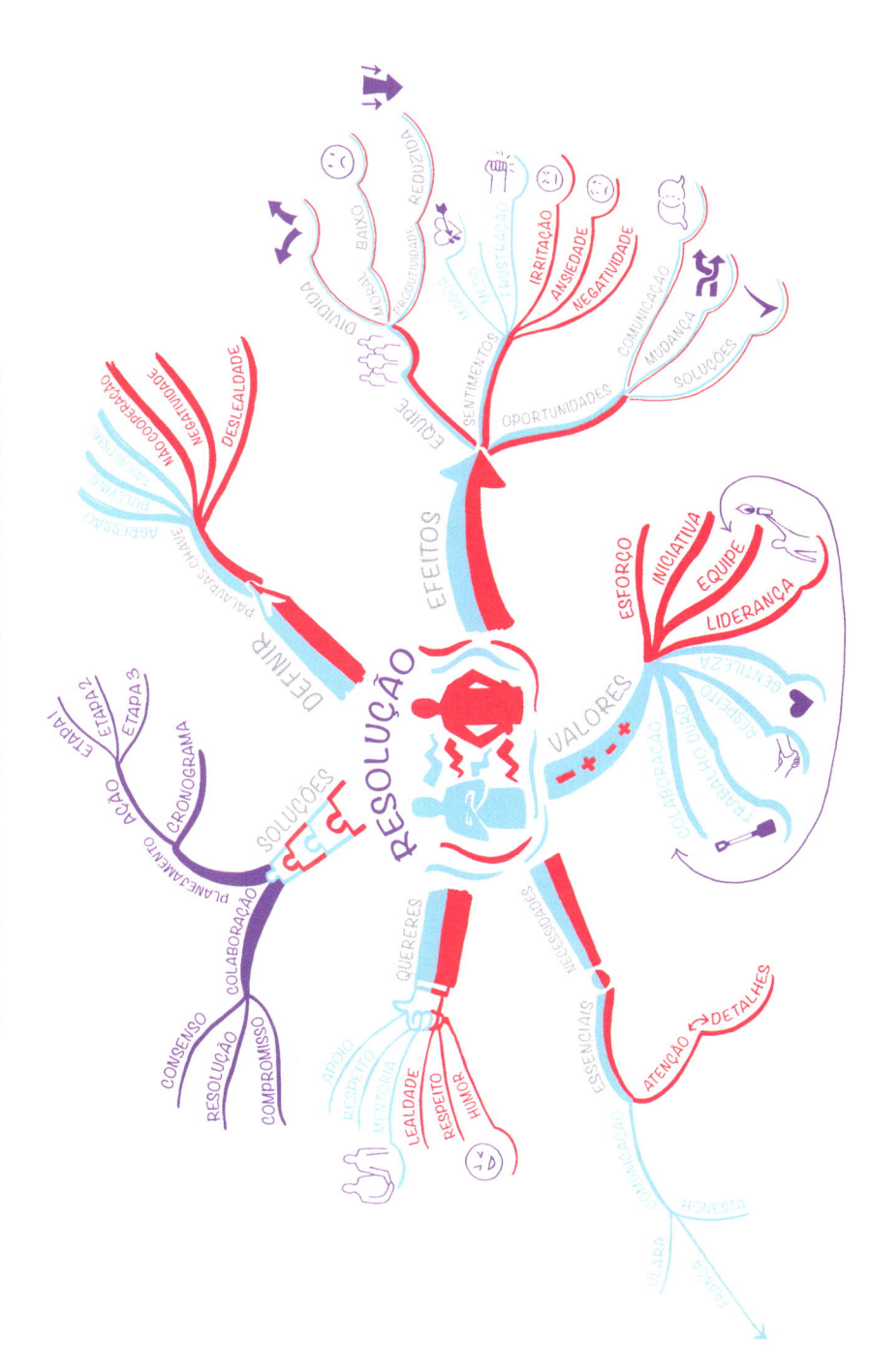

A coragem de começar sozinho

Maneesh Dutt é escritor, palestrante e consultor de sucesso. Trabalhava como engenheiro químico em Déli quando percebeu que teria de fazer algumas mudanças caso quisesse seguir uma carreira que realmente amasse. Esta é sua história:

Há uma maioria "silenciosa" de funcionários de empresas que têm a ambição de empreender, mas não têm energia suficiente para caminhar na direção que sua paixão lhes dita. No passado, eu não era diferente. Depois de ser fisgado pelos Mapas Mentais, estava cogitando a ideia de largar o emprego para seguir essa paixão em tempo integral. No entanto, com vinte anos de experiência num emprego comum e zero de experiência como empreendedor, a decisão que eu tinha a tomar não era fácil de modo algum, e eu estava em dúvida e com medo.

Mas tudo mudou num fim de semana em que decidi fazer um Mapa Mental do meu desafio. Fiz um Mapa Mental simples com quatro ramificações, como se vê na imagem *ao lado*.

Nas duas primeiras ramificações (à direita), analisei a dor que tentava evitar com a ausência de mudança e o prazer que sentia continuando no emprego. Na terceira ramificação, identifiquei a dor que sentiria caso continuasse por muito tempo no emprego que então tinha. Por fim, a última ramificação capturou o prazer que seria meu se eu me tornasse um consultor e instrutor *freelancer* de Mapeamento Mental.

Este Mapa Mental – e especialmente a última ramificação, que capturava todas as minhas emoções positivas – me

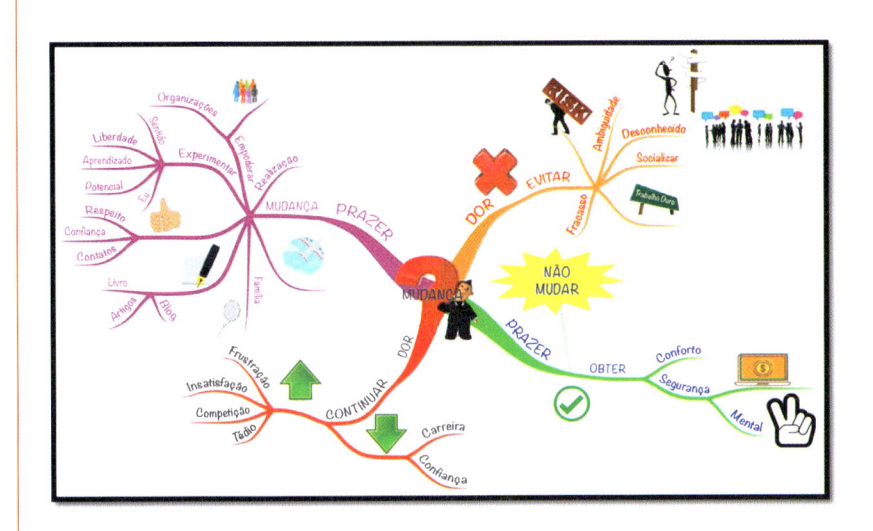

Minimapa Mental de Maneesh Dutt sobre o desafio de mudar de carreira

deu a coragem de que eu precisava para mergulhar de cabeça e começar minha carreira solo imediatamente. Assim, na segunda-feira seguinte apresentei minha carta de demissão e comecei minha jornada como instrutor *freelancer*. Fico feliz em confirmar que jamais voltei atrás: estou realmente vivendo tudo aquilo que mapeei caso fizesse a mudança. A todos que vivem um dilema semelhante, sugiro com insistência que procurem fazer um Mapa Mental deste tipo.

Hoje, Maneesh Dutt é um bem-sucedido instrutor de Mapeamento Mental com atuação internacional e autor de vários livros, entre os quais *Mind Maps for Effective Project Management*, que pode ser encontrado nas prateleiras da prestigiosa biblioteca da Harvard Business School.

Formular a visão de uma empresa

Em 2015, a cientista e matemática árabe Dra. Manahel Thabet conquistou um recorde mundial do Guinness quando ensinou 1.350 alunos a fazer Mapas Mentais em meros 30 minutos. Foi também a criadora de um Supermapa Mental que me deixou boquiaberto quando visitei Dubai para vê-lo. Manahel me contou que, depois de ganhar o recorde mundial, foi contatada por Abdulhamid Juma, diretor do Festival Internacional de Cinema de Dubai (DIFF na sigla em inglês). Ele a desafiou a criar um Mapa Mental sobre as operações, o alcance e o posicionamento global do Festival de Cinema de Dubai. Além disso, Abdulhamid pediu a Manahel que me convidasse para assinar o Mapa Mental quando estivesse pronto.

Durante três dias, Manahel treinou uma equipe de gerentes do DIFF para aprenderem a fazer Mapas Mentais e trabalhou com eles para coletar e coligir seus dados. Nenhuma organização jamais havia empreendido um projeto como esse, e a princípio

A Dra. Thabet elaborando um esboço do Mapa Mental do DIFF

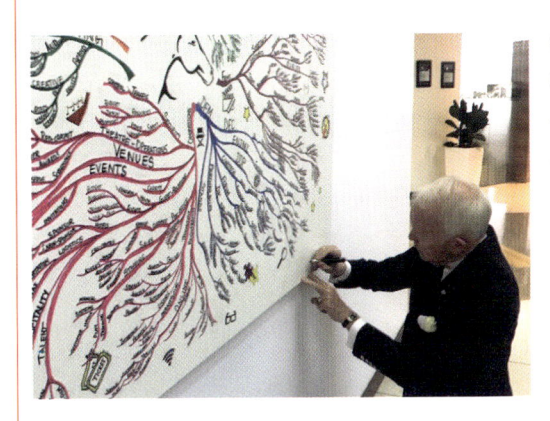

Foi um prazer e um privilégio acrescentar minha assinatura ao Mapa Mental do DIFF.

alguns membros da equipe estavam céticos quanto à eficácia do processo – o que era compreensível, pois o Mapa Mental em formação parecia uma massa confusa de cores e rabiscos. De início, não acreditavam que o Mapeamento Mental pudesse melhorar sua criatividade, memória e inteligência. No entanto, ao fim dos três dias, concordaram completamente. Manahel e sua equipe passaram então um dia inteiro desenhando o Mapa Mental. O resultado de sua colaboração foi uma realização notável. O Mapa Mental do DIFF era complexo, completo e prático e seguia nos mínimos detalhes as Leis do Mapeamento Mental. Proporcionava uma visão geral da empresa naquele momento, e ao mesmo tempo destacava áreas de expansão e desenvolvimento em potencial, o que fazia dele o instrumento perfeito para orientar a companhia rumo ao sucesso futuro.

Manahel diz que, ao trabalhar nele, seus ombros doíam tanto que ela se sentia como Michelangelo pintando o teto da Capela Sistina! Eu lhe disse que era uma honra assinar o Mapa Mental do DIFF. Quanto mais eu o examinava, mais ele me parecia magnífico. Que eu saiba, esse foi o primeiro Mapa Mental a examinar um tema tanto em seus detalhes microcósmicos quanto nos macrocósmicos, mapeando seu passado além de destacar seus futuros possíveis.

passamos no trabalho a maior parte do tempo em que estamos acordados. À luz desse fato, creio ser importante encontrar um trabalho que nos dê alguma sensação de realização ou alimente nossos objetivos de vida. Mais uma vez os Mapas Mentais podem nos ajudar neste particular, como mostra a história de Maneesh Dutt.

MAPEAMENTO MENTAL AVANÇADO PARA A EDUCAÇÃO

No Capitulo 2, expliquei que os Mapas Mentais são como soldados que combatem contra a ignorância e robustecem nosso cérebro com sua artilharia. Quer você esteja planejando um discurso, preparando uma apresentação ou escrevendo uma dissertação, o Mapeamento Mental é um caminho excelente para articular suas ideias. Os Mapas Mentais podem ser usados para aprender línguas, fazer anotações e resumir obras completas, bem como para escrever dissertações e pesquisar projetos. Se você tem uma meta educacional, o Mapeamento Mental pode ajudar a alcançá-la, seja ela qual for.

O britânico Raymond Keene, OBE,[1] é grão-mestre de xadrez, jornalista responsável pelas sessões de xadrez do *The Times* e do *Spectator* e o autor mais prolífico sobre o xadrez em geral e sobre a história do jogo. Criou o Mapa Mental da p. 178, que explica a história do moderno jogo de xadrez.

Fale como um nativo

Por meio do uso de cores e imagens, o Mapeamento Mental tira a linguagem da prisão da página e liberta o cérebro para que voe livremente, como um pássaro fora da gaiola, pelo mundo das ideias e da associação. Essa é uma das razões pelas quais o Mapa Mental é um excelente meio para memorizar uma segunda língua. Quando você estava na escola, tinha de memorizar listas de vocabulário tediosas e monocromáticas? Não admira que tanta gente tivesse dificuldade para

---

[1] *Order of the British Empire*, título de uma comenda oferecida pelo governo britânico.

Teste de vocabulário

Apresento a seguir, na forma de lista de que os professores tanto gostam, uma seleção de palavras suecas e seus equivalentes em português. Sua missão – caso você a aceite – será a de criar um Mapa Mental baseado nesse vocabulário. Inclua cores e muitos símbolos e faça agrupamentos quando isso lhe parecer adequado.

människa	ser humano	*valp*	cãozinho
man	homem	*katt*	gato
kvinna	mulher	*kattunge*	gatinho
barn	criança	*fågel*	pássaro
hund	cão	*fisk*	peixe

Depois de criar seu Mapa Mental, passe cerca de 20 minutos refletindo sobre ele e memorizando-o.

Quando estiver pronto, cubra o Mapa Mental e a lista de vocabulário (não vale trapacear!). Em seguida, responda às cinco perguntas seguintes:

Qual a palavra sueca que significa "ser humano"?

Kattunge está para katt como [_____] está para hund.

Qual é a palavra portuguesa correspondente a kvinna?

Onde você encontraria um fågel? No céu ou no mar?

Qual a palavra sueca que significa "criança"?

Uma ferramenta mental para grandes realizações

Dê uma boa olhada no Mapa Mental abaixo. O que ele lhe diz?

Nele, o grão-mestre de xadrez Raymond Keene conta a história do jogo de xadrez. Começa com os jogos da antiga cidade de Ur, passa pelo cultivo do jogo de *xatranje* pelos árabes (um precursor do xadrez), mapeia as modificações introduzidas durante a Renascença e conclui com as influências espanholas, que resultaram no jogo moderno.

O artigo em que o Mapa Mental se baseia tem mais de 1.000 palavras e resume 5 mil anos de história, mas o Mapa Mental de Raymond torna toda essa informação acessível num único olhar. Em suas próprias palavras:

Mapa Mental sobre a transição rumo ao xadrez moderno, de Raymond Keene

Quando preparamos uma palestra ou escrevemos um artigo, o Mapa Mental tem duas virtudes: o escritor é constantemente estimulado pela árvore de ideias a ter ideias novas e mais ousadas; ao mesmo tempo, as palavras-chave e as imagens centrais garantem que nenhum dos temas principais se perca em meio ao palavreado.

O Mapa Mental é particularmente útil neste contexto. Sem virar nenhuma página, é possível informar o público de antemão acerca da estrutura e dos pontos fundamentais do que será dito. Pelo fato de estar sempre trabalhando com uma única folha, pode falar a seu público o que pretende dizer, pode dizê-lo com confiança e depois pode recapitular tudo para demonstrar que provou o que queria. Com notas lineares, corremos o perigo de terminar no ponto onde as notas terminam – essencialmente um momento aleatório, muitas vezes mais determinado pela cronologia que pelo significado.

Supondo que o palestrante domine por completo o tema, as palavras-chave atuam como catalizadoras para o entusiasmo e para a improvisação de ideias, em vez da recitação seca de fatos muitas vezes mais determinados por datas do que pela importância do conteúdo (p. ex., a palestra começa pelo início da vida do tema e terminar com o fim dela). Se o palestrante não domina perfeitamente o tema, as notas lineares só pioram a situação. Quer você esteja escrevendo um artigo, quer dando uma aula, o Mapa Mental funciona como o timão de um navio, permitindo-lhe navegar pelo oceano da apresentação.

aprender línguas. Ao contrário dos métodos lineares de ensino e das monótonas colunas de palavras, o Mapa Mental é excelente para aumentarmos nosso vocabulário.

A vantagem do Mapa Mental sobre outros métodos de ensino é que ele é um produto da própria Língua Humana (ver o Capítulo 1, p. 34): assim, ele transcende instintivamente as divisões a fim de criar elos e conexões entre categorias separadas. O agrupamento também pode ser usado de modo muito eficaz no aprendizado de línguas por Mapeamento Mental: informações que têm relação entre si são agrupadas em aglomerados fáceis de memorizar, refletindo o modo como o cérebro processa informações.

MAPEAMENTO MENTAL AVANÇADO PARA CRIATIVIDADE

Se você já está criando Mapas Mentais para os exercícios neste livro, espero que a esta altura já esteja claro que você é criativo por natureza: está usando as faculdades da associação e da imaginação para criar Mapas Mentais únicos e altamente individuais, que expressam o modo como seu cérebro funciona.

Já vi muitos Mapas Mentais que são maravilhosas obras de arte em si e por si, com cores vivas e imagens inventivas. Quer um Mapa Mental seja assim, quer não, ele pode inspirar obras-primas. Pode, por exemplo, ser usado para dar forma a uma escultura ou mapear os movimentos de uma peça de música, além de proporcionar inspiração para obras de poesia e prosa.

ESCREVA COMO UM POETA

Você talvez pense que a poesia é algo que apenas os "poetas" são capazes de fazer, mas, com a ajuda de um Mapa Mental, você também pode encontrar sua musa. A poesia tem sido uma das forças motrizes de minha própria vida. No Capítulo 2, encorajei você a aprender um poema de Edward Lear. *Ao lado* há um exercício que o convida a escrever uma poesia sua. Antes disso, no entanto, quero compartilhar

Conheça sua musa

Este é um exercício que lhe permitirá compor um poema. Comece por escolher algumas das palavras a seguir, que foram selecionadas aleatoriamente:

rosa	inverno	água
ponte	nuvem	queda
sono	enigma	toque
folha	vidro	faca
areia	corda	toque
camundongo	sanduíche	amor
pelo	sonho	

Depois de escolher sua palavra, faça um Mapa Mental sobre ela. Estenda o máximo possível as ramificações, sub-ramificações e sub-sub-ramificações do seu Mapa Mental, até chegar às bordas do papel, e use cores, imagens, códigos e setas de ligação.

Quais ramificações mais se destacam?

Quais imagens capturam seu olhar e acendem sua imaginação?

Quais conexões mais o intrigam?

Use esses estímulos como base de um poema curto.

alguns versos que eu mesmo fiz e cujas imagens se estendem como as ramificações de um Mapa Mental:

Pardal feliz
Revoluteando;
Folha de outono
Revirando
Nos ventos
De Primavera.

Como você vê, é um poema bem curto que se parece com um *haiku* japonês em sua simplicidade e foco, embora não se prenda à estrutura formal de três linhas que caracteriza o *haiku*. Compartilhei-o para deixar claro que você não precisa escolher um tema grandioso nem elaborar um esquema de rimas para escrever um poema que signifique algo para você. Siga as instruções na p. 181 para fazer o Mapa Mental de um assunto simples, e prepare-se para conhecer seu poeta interior!

Publique seu livro!

Você talvez tenha notado que muitos colegas meus que fazem Mapas Mentais acabaram publicando livros. Se você está pensando em escrever um livro, use um Mapa Mental para planejar sua abordagem. Hoje em dia, se você quiser que seu livro seja um sucesso, não pode pensar apenas no tema. Use as ramificações e sub-ramificações para considerar tópicos como:

- **O conceito do livro: a centelha inicial da sua ideia, sua abordagem e suas ambições. Você quer que o livro informe, surpreenda ou divirta o leitor?**
- **Pesquisas que você tem de fazer antes de começar a escrever: sobre o gênero em que você pretende escrever, o mercado (como é a concorrência?), o público leitor (idade e sexo, por exemplo) e a informação de fundo que você precisa conhecer em vista do texto em si.**

MAPA MENTAL PARA PUBLICAR SEU LIVRO

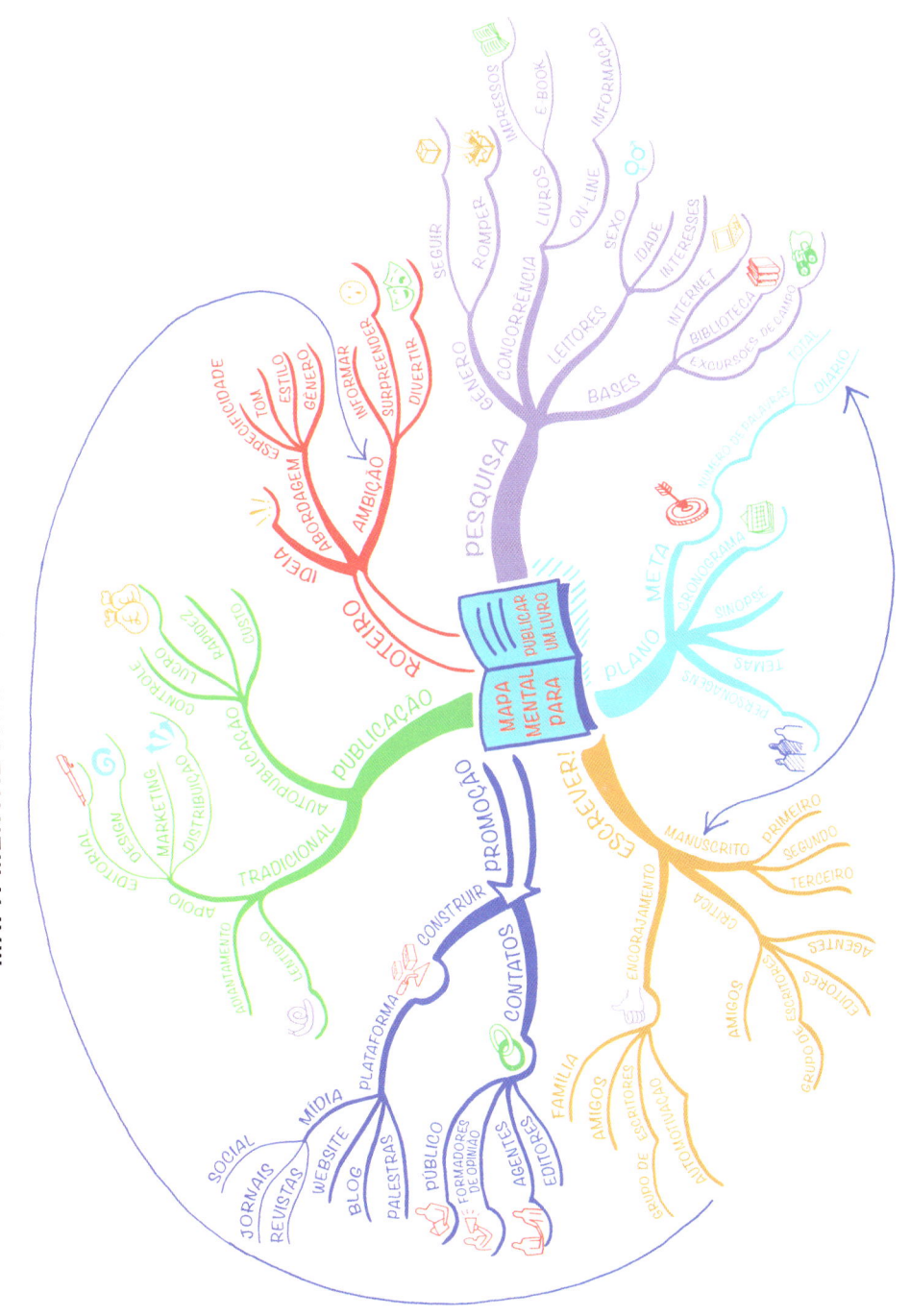

- Seu plano para os elementos do livro, tais como (se está escrevendo uma obra de ficção) trama, personagens e temas, bem como o cronograma de redação e o número de palavras visado.

- O próprio processo de escrita, com um cronograma para os manuscritos e ideias sobre quem vai encorajá-lo e oferecer-lhe críticas construtivas.

- Como você pretende promover ao livro e a si mesmo. Incluem-se aí os meios de ligação com seu público e a construção de uma plataforma para a promoção de seu trabalho – nas redes sociais, por exemplo –, além de um *blog* pessoal e um *website*.

- Por fim, você talvez queira avaliar se pretende seguir o caminho usual para a publicação de livros ou tentar publicar por conta própria, pesando fatores como o custo, o lucro, a rapidez, o apoio e a liberdade artística.

Aplique princípios de *design*

O pensamento de *design* é uma metodologia que tem ganhado destaque nos últimos anos por ser um modo de raciocínio prático, criativo e baseado em soluções. Seus estágios geralmente são alguma variação dos seguintes:

Empatia – aprender com as pessoas
Definição – encontrar padrões
Ideação – princípios de *design*
Protótipo – tornar tangível
Testar – iteração

Pode ser aplicação a sistemas, procedimentos, protocolos e à experiência do consumidor. Em vez de se concentrar em consertar problemas, trata-se de um processo orientado para a ação que enfoca a descoberta de resultados desejáveis e leva em consideração a empatia

MAPA MENTAL PARA A APLICAÇÃO DE PRINCÍPIOS DO PENSAMENTO DE DESIGN

e as emoções. Também faz uso da lógica, da imaginação e da intuição. (Parece com algo que você já conheça?)

A mentalidade do *design* tem a ver com o acúmulo de ideias até que se chegue a um momento de "eureca" que clareie o caminho a seguir. Uma vez que esse método envolve o ato de tornar as coisas visíveis e tangíveis, o desenho é uma das principais ferramentas usadas para trabalhar ideias, partilhar, dialogar e comunicar. Na página anterior há um Mapa Mental que explora a aplicação de princípios básicos de *design*.

Não surpreende, portanto, que os Mapas Mentais tenham um papel importante a desempenhar no método de *design*. Afinal de contas, um Mapa Mental envolve a imaginação e o acúmulo de ideias que se tornam visíveis sobre o papel. Além disso, o *próprio* Mapa Mental é um desenho: pensamentos tornados visíveis. Mapas Mentais e Minimapas Mentais podem ser aplicados a cada estágio do processo de *design* – desde a sua criação até sua realização prática – e pode ser usado para projetar qualquer coisa, desde o paisagismo de um jardim até a expansão de uma empresa, ou mesmo para projetar como seria sua vida ideal.

MAPEAMENTO MENTAL AVANÇADO PARA O BEM-ESTAR

Já vimos que os Mapas Mentais podem atuar como um *personal trainer* (ver Capítulo 2, p. 114), ajudando-nos a planejar um regime para entrar em forma ou nos alimentarmos de maneira saudável.

Além de ser usados para promover o bem-estar em geral, demonstrou-se que os Mapas Mentais podem ser eficazes para se lidar com uma série de doenças, como o autismo e a dislexia. As pessoas que se inserem no espectro do autismo muitas vezes têm uma capacidade visual muito forte, o que significa que as crianças autistas tendem a aprender melhor por métodos visuais. Os Mapas Mentais, como já sabemos, são altamente visuais e estimulam uma abordagem prática de aprendizado. Oferecem uma visão geral de um tema, além de enfatizar as relações

A história de Kate Swaffer

Quando Kate Swaffer recebeu o diagnóstico de demência aos 49 anos de idade, os profissionais de saúde aconselharam-na a largar o emprego, pôr seus negócios em ordem e aproveitar ao máximo o tempo que lhe restava. Pouco menos de dez anos depois, ela já havia terminado duas faculdades e um mestrado e estava estudando para um doutorado.

Hoje em dia, Kate é poetisa e escritora com livros publicados e é famosa em todo o mundo como palestrante, dirigindo-se a milhões de pessoas pelo mundo afora que sofrem de demência. Em 2017, ganhou o prêmio de Australiana do Ano na província da Austrália do Sul, e seu fenomenal trabalho de campanha continua levando-a para os mais diversos países.

Kate é uma defensora das intervenções não farmacológicas, e os Mapas Mentais constituem uma parte importante de seu arsenal. Os Mapas Mentais lhe foram apresentados em 2007 por sua conselheira de deficiência na Universidade da Austrália do Sul, e Kate contou, em seu *blog*, que não seria capaz de fazer tudo o que faz sem a ajuda dos Mapas Mentais: "pois mapeiam as coisas visualmente, oferecendo-me um outro meio de encontrar meu caminho". Sua história é um exemplo edificante de como os Mapas Mentais podem ajudar uma pessoa corajosa a viver uma vida plena em face de um diagnóstico de uma doença terrível, como a demência.

entre os diferentes aspectos desse tema. Dessa maneira, as informações se mostram ordenadas e ajudam os alunos autistas a melhorar sua memorização. Para os disléxicos, a memória de curto prazo, a concentração e o sequenciamento de informações são aspectos difíceis da vida cotidiana, de modo que, para eles, os Mapas Mentais constituem um meio útil para a organização e assimilação de informações.

Para quem sofre de depressão e falta de motivação, o Mapa Mental pode esclarecer quais são os sintomas da doença, delinear estratégias e técnicas para que a pessoa consiga lidar com eles e trazer informações úteis sobre as causas biológicas do problema. Pode se tornar não somente uma ferramenta de diagnóstico, mas também um plano de ação. Sempre que o estresse conduz ao esquecimento, à rigidez e a uma espiral descendente de medo, os Mapas Mentais podem atuar para aliviar e afastar esse estresse. Quando o cérebro está menos estressado, o corpo também se torna menos estressado, o que conduz a uma melhora do desempenho e do bem-estar físico e mental.

Os Mapas Mentais podem ser usados de maneira geral para melhorar o entendimento que você tem de uma determinada doença e para delinear um plano de tratamento. Caso você esteja criando um Mapa Mental para administrar a ansiedade, por exemplo, pode começar com uma imagem central que tenha relação com seus sentimentos e depois criar ramificações e sub-ramificações que tenham relação com:

- **coisas que desencadeiam sua ansiedade;**
- **o modo como a ansiedade afeta sua vida;**
- **coisas contraproducentes ou que aumentam sua ansiedade;**
- **atividades que o ajudam a administrá-la;**
- **apoio de familiares, amigos e profissionais.**

O Mapa Mental também podem ser útil para a carreira. Pode, por exemplo, ser usado para registrar anotações sobre aspectos importantes da vida da pessoa – o estilo de vida que ela prefere e os indivíduos e acontecimentos significativos em sua vida. Além de sua função social, o Mapa Mental pode ser usado na medicina como um meio de organizar e determinar os detalhes dos planos de cuidados e tratamento.

A LUTA CONTRA A DEMÊNCIA

Por serem grandes depósitos ou mesmo armazéns de informação, os Mapas Mentais podem colaborar na batalha contra a demência e outras doenças igualmente destrutivas. Podem ser usados não somente pelas pessoas em quem foi diagnosticada a demência, mas também pelas que cuidam delas.

Em 2010, o psicólogo experimental americano Dr. George Huba foi diagnosticado com uma doença neurodegenerativa incurável que se manifestava cedo na vida e causava demência. Disseram-lhe que ele tinha pouco tempo. Um ano depois, aposentou-se de seu emprego, no qual exercia a função de avaliador de programas de saúde e assistência social. No entanto, ele não tinha intenção de render-se passivamente à doença. Em vez disso, usou sua experiência profissional para pesquisar métodos de pensamento visual que pessoas com restrições cognitivas poderiam usar para minimizar o impacto dessas restrições no futuro.

O Dr. Huba logo constatou que o Mapeamento Mental era um método especialmente eficaz e barato para pôr ordem em sua vida pessoal e em sua memória, para tomar decisões e planejar o futuro. Livrando-se de estruturas verbais complexas e da necessidade de decorar palavras, os Mapas Mentais apelam para a mente em seu momento presente. Hoje em dia, George Huba é o autor de um interessante *blog* sobre "Minha Vida como um Experimento Médico e Cognitivo em Andamento", tem muitos seguidores no Twitter e publicou um livrinho chamado *Mind Mapping, Cognitive Impairment, and Dementia (Huba's Bolero)*. É um pioneiro no uso dos Mapas Mentais como ferramenta para lidar com os efeitos do declínio cognitivo.

Para quem tem demência, os Mapas Mentais constituem uma ferramenta visual que lhes permite registrar memórias, organizar a rotina cotidiana e planejar o futuro. Podem ser usados, por exemplo, para a escolha de refeições e roupas, para lembrar de tomar medicamentos e como agenda diária e semanal. Podem ajudar as pessoas com demência a se lembrar das consultas médicas e de pessoas que vêm visitá-las. Certas pessoas com demência podem ser capazes de expressar-se com mais facilidade por meio de imagens, esboços e rabiscos do que por meio de palavras. Nesse caso, o Mapa Mental pode atuar como um útil meio de comunicação que as ajuda a relacionar-se com as pessoas a quem amam e com seus cuidadores.

Os Mapas Mentais ajudam as pessoas que sofrem de demência, e as que cuidam delas, a aproveitar ao máximo o momento presente.

MAPEAMENTO MENTAL AVANÇADO PARA A MEMÓRIA

Em 1991, Ray Keene e eu fundamos o Campeonato Mundial de Memória, evento que, embora não se confunda com o Campeonato Mundial de Mapeamento Mental, integra também o campo dos Esportes da Mente e faz parte do trabalho que assumi em minha vida, qual seja, o de promover e aperfeiçoar a alfabetização mental global. Hoje em dia, concorrentes do mundo inteiro participam do campeonato, que é um evento verdadeiramente multicultural. O campeonato engloba dez disciplinas diferentes, em que os participantes memorizam o máximo possível de informações dentro de um certo período de tempo. São temas de memorização a ordem das cartas num baralho, por exemplo, ou uma longa sequência de números binários.

Dominic O'Brien, campeão mundial de memória, consta no *Guinness Book of Records* pelo que fez em 1º de maio de 2002, quando memorizou uma sequência aleatória de 2.808 cartas de baralho depois de olhar uma só vez para cada carta. Como ele próprio explicou neste capítulo (p. 157), os Mapas Mentais são uma parte essencial da sua caixa de ferramentas.

Fale o que você fala

Este exercício vai ajudar você a perceber quais são os modos pelos quais o Mapeamento Mental pode ajudá-lo a ler mais rápido, a melhorar seu entendimento, a fazer anotações úteis e a lhe dar uma visão geral do material que você está lendo, e também a memorizar essas informações.

- **Pegue um livro na estante e abra-o numa página aleatória.**
- **Vá virando as páginas até chegar ao próximo capítulo ou à próxima seção de texto. Faça uma rápida leitura para ter uma ideia do conteúdo.**
- **Agora esboce um Mapa Mental provisório.**
- **Se precisar, consulte as sete etapas do Mapeamento Mental no Capítulo 1, p. 28, e as Leis do Mapeamento Mental no Capítulo 2, p. 60.**
- **Releia o texto e refine seu Mapa Mental. Vá olhando para o texto ao longo desta etapa, para incluir todas as informações de que precisa.**
- **Feche o livro.**
- **Usando somente o Mapa Mental, lembre-se do tema do texto do modo o mais detalhado possível.**

Muita gente acha que parar para fazer anotações é algo que atrasa a leitura. O Mapa Mental faz o contrário: quando existe uma sintonia fina entre o Mapa Mental e as palavras de um texto, seu sistema óculo-cerebral vai buscar, como um detetive, os principais elementos do conteúdo, formando imediatamente uma rede de associações que lhe dará a experiência do entendimento, com um "Eureca!". À medida que refinar seu Mapa Mental, você estará refinando seu entendimento.

Criando magia

Quando Liu Yan ganhou o Campeonato Mundial de Mapeamento Mental, em 2016, seu trabalho me deixou perplexo. Ela conseguira criar algo que eu só conseguia descrever como uma obra-prima de Mapeamento Mental, e o fizera num ambiente de alta pressão e num tempo muito limitado. Lembro-me que eu disse ao público: "Quer você seja chinês, quer de outro país, aprenda Mapeamento Mental com a Srta. Liu, pois ela é certamente uma das figuras de maior destaque no campo dos Mapas Mentais!". Eis a história de Liu em suas próprias palavras:

Meu nome é Liu Yan, sou natural de Beijing e ensino Mapeamento Mental na China desde 2009. Me interessei pelos Mapas Mentais na primeira vez que li a respeito, num livro de Tony Buzan. Aos 23 anos, comandei o processo de desenhar um Mapa Mental gigante (de 600 m^2) que foi aberto sobre o Monte Bayun, em Guangzhou, durante o 19° Campeonato Mundial de Memória, em 2009.

Conheci o Sr. Buzan em 2011, quando ele deu uma palestra. Por fazer parte do público, não me era permitido ter contato com ele. No entanto, quando terminou a palestra, consegui chegar ao palco levando nas mãos meu Mapa Mental, apesar das tentativas dos organizadores de me impedir. Então, o Sr. Buzan demonstrou sua generosidade e me deu instruções com toda a paciência. Foi naquele momento que decidi dedicar minha carreira profissional – na verdade, toda a minha vida – à disseminação e transmissão dessa ferramenta mágica.

Então, em agosto de 2014, vim à Inglaterra para estudar Mapeamento Mental com o Sr. Buzan e me tornei a primeira supervisora qualificada de Mapeamento Mental na China continental. Até agora, já ensinei mais de 60

Mapa Mental sobre os processos do Mapeamento Mental, de Liu Yan

mil alunos. A mais nova tinha apenas 6 anos de idade. Depois de receber minhas instruções, ela foi capaz de fazer o Mapa Mental de um discurso maravilhoso e recitar esse discurso no palco. Estudando o Mapeamento Mental, muitos alunos meus são capazes de melhorar seu desempenho e se tornar mais eficientes no trabalho.

Em 2015, chefiei 81 alunos no planejamento e execução de outro Mapa Mental gigante que, com 120 m^2, era o maior da China na época. Mal pude esperar para enviar a foto do mapa ao Sr. Buzan no exato instante em que este foi terminado. Ao vê-lo, o Sr. Buzan o cobriu dos mais altos elogios, dizendo: "Sem precedentes!".

Um ano depois, em agosto de 2016, eu mesma bati esse recorde, comandando 189 alunos na confecção de outro Mapa Mental gigante, com 216 m², em duas horas e 20 minutos. O tema desse Mapa Mental era A Excelente Cultura Tradicional Chinesa, e ele foi tema de uma reportagem do *site* do *Diário do Povo*.

Depois disso, criei outros Mapas Mentais gigantes com meus alunos, entre eles um Mapa Mental da própria China, em 2017, com as 34 províncias definidas como unidades. Sua criação simboliza uma tentativa de unir as culturas oriental e ocidental. Hoje em dia, na China, o Mapeamento Mental se tornou uma ferramenta de aprendizado que muitos alunos dos ensinos fundamental e médio precisam dominar, e é também uma habilidade necessária para os funcionários de muitas empresas grandes. Quero desempenhar meu papel na transmissão do Mapeamento Mental para as futuras gerações na China e já escrevi dois livros sobre o tema, um dos quais é uma introdução ao Mapeamento Mental e o outro, uma correlação entre os Mapas Mentais e os antigos princípios do Tao te Ching.

Em 12 de dezembro de 2016, participei do Campeonato Mundial de Mapeamento Mental em Cingapura. Depois de uma competição acirrada com três eventos por dia, bati o recorde com 92,5 pontos num evento de leitura dinâmica de artigos de revista e de apresentação da informação neles contida na forma de Mapas Mentais. Também bati recordes em outros dois eventos, em cada um dos quais levei, em média, meia hora para completar a tarefa. No momento em que o Sr. Tony Buzan disse "A ganhadora da medalha de ouro deste Campeonato Mundial de Mapeamento Mental é Liu Yan", comecei a chorar. Esse prêmio é o melhor reconhecimento que eu poderia ter, tanto para mim quanto para meus queridos alunos.

> Tenho o sonho de ajudar um número cada vez maior de pessoas a beneficiar-se dessa ferramenta mágica. Pretendo dedicar-me ao Mapa Mental, e o futuro me parece muito luminoso!

Já vimos que os Mapas Mentais podem ser usados para memorizar informações. Mas também podem ser usados como exercícios independentes para ajudar você a melhorar a memória, dando um saudável trabalho ao cérebro.

Um Mapa Mental do Mapeamento Mental

Este maravilhoso Mapa Mental tem relação com os próprios processos de Mapeamento Mental. Foi criado pela chinesa Liu Yan e a ajudou a ganhar uma merecida medalha de ouro no Campeonato Mundial de Mapeamento Mental de 2016. Liu Yan usou um retrato meu como imagem central e criou ramificações relacionadas com os aspectos fundamentais do Mapeamento Mental, como sua metodologia, suas aplicações e os meios pelos quais os Mapas Mentais são criados – o desenho, o uso de imagens em 3D e as Leis do Mapeamento Mental (ver Capítulo 2, p. 60). O Mapa Mental resultante é imaginativo, inteligente, colorido e lindo de se ver. Está repleto de detalhes cômicos que tornam fácil e divertida sua memorização.

Espero que a esta altura você já esteja animado e intrigado com as possibilidades que os Mapas Mentais podem lhe oferecer em todos os aspectos da sua vida. Dos humildes primórdios em que eram esboçados em folhas de papel A4 até hoje em dia, quando existem Mapas Mentais tão grandes que cobrem toda a encosta de uma montanha, não houve nem há limites para onde os Mapas Mentais podem nos levar ou as aplicações para que servem.

O Futuro do Mapeamento Mental

O que o futuro reserva para o Mapa Mental? Este capítulo trata do Mapa Mental na era digital e na sua potencial relação com o que vem acontecendo no campo da Inteligência Artificial. Examina o futuro do Mapeamento Mental e como ele pode ajudar a aplainar o caminho da sua vida.

E agora?

O Mapa Mental está evoluindo. Isto não surpreende, pois ele reflete o processo de pensamento do cérebro humano, o qual se encontra inevitavelmente sujeito aos princípios da evolução.

Vimos no Capítulo 1 onde o Mapa Mental se encaixa na trajetória da história do ser humano, ocupando lugar numa sequência de acontecimentos desencadeados pelas primeiras marcas efetuadas pelos artistas da Idade da Pedra há milênios. Podemos agora exteriorizar por meio de nossas mãos os Mapas Mentais que existem biologicamente dentro de nós, na própria tessitura do nosso ser e nas conexões de nossas células cerebrais. Desenhando, escrevendo e fazendo outras marcas sobre o papel, o Mapa Mental saiu do cérebro e se colocou sobre a página.

Em nossa época, entretanto, a tendência parece ser o abandono das coisas feitas à mão e a adoção das geradas por computador, e os cientistas agora estudam os modos pelos quais nossa mente e nossos processos de pensamento podem ser afetados pelos desenvolvimentos da tecnologia moderna.

Estou curioso para saber aonde o futuro nos levará – e descobrir quais papéis os Mapas Mentais desempenharão num mundo em que a Inteligência Humana (IH) se vê às voltas com as implicações da Inteligência Artificial (IA).

Rumo ao digital

É difícil acreditar que já faz mais de dez anos que me uni a Chris Griffiths para criar o primeiro *software* eficaz de Mapeamento Mental: o iMindMap. Chris é um grande empreendedor que vendeu sua primeira empresa aos 26 anos de idade e fundou a OpenGenius, a empresa que está por trás do iMindMap. O programa já é usado por mais de 1 milhão de pessoas mundo afora. Juntos inventamos um *software* que reflete a natureza orgânica do cérebro e o modo pelo qual nossos processos de pensamento interagem entre si – e que também obedece às Leis do Mapeamento Mental.

Infelizmente, muitos outros aplicativos e pacotes de *software* que alegam ser ferramentas de Mapeamento Mental violam a maioria das Leis. Nesses casos, os *softwares* geram mapas conceituais em que, por exemplo, o uso da cor é opcional e há várias ideias "centrais"; ou em que algumas palavras ou expressões são enfiadas dentro de quadros e dispostas erroneamente ao longo das ramificações. Nesse tipo de diagrama, as ramificações nem sempre são ligadas entre si, diferenciadas ou ordenadas hierarquicamente.

Sempre vale a pena verificar e comparar a matriz das Leis do Mapeamento Mental com a minimatriz dos *softwares* que pretendem facilitar a confecção de Mapas Mentais. Caso não haja correlação, o programa não criará um verdadeiro Mapa Mental. Como vimos, as Leis do Mapeamento Mental baseiam-se em princípios psicológicos sólidos, o que significa que, quanto mais alguém se desvia delas, menos eficaz será o diagrama resultante.

OS BENEFÍCIOS DO MAPEAMENTO MENTAL DIGITAL

Seguindo as Leis do Mapeamento Mental, o *software* iMindMap gera Mapas Mentais verdadeiros – criando as condições necessárias para o bom pensamento, a criatividade e uma excelente memorização. O programa mostrou-se particularmente eficaz para ser usado em sessões de *brainstorming* e negociações, para tomar notas ou elaborar atas de reuniões, para criar apresentações limpas e para desenvolver estratégias.

Estes são alguns benefícios do Mapeamento Mental por computador:

- **Os Mapas Mentais podem ser editados quando necessário.**
- **Podem ser armazenados num sistema de *backup* digital.**
- **São lidos facilmente em razão de sua limpeza gráfica.**
- **Podem ser vinculados a outros recursos de multimídia.**

- **Facilitam a análise pós-processo (recapitulando os estágios, por exemplo).**
- **São simples de gerar usando as ferramentas de desenho e os ícones fornecidos.**

Sem dúvida, um dos bônus inegáveis do Mapeamento Mental digital é a rapidez e a facilidade com que documentos limpos e úteis podem ser compartilhados eletronicamente com colegas – e até anotados por eles quando for o caso, estimulando a colaboração entre os membros da equipe.

QUAL O PRÓXIMO PASSO?

Como os seres humanos, também o iMindMap continua evoluindo com o tempo e com o surgimento de novas tecnologias. Não obstante, apesar de todos os avanços em anos recentes, acredito que ainda estamos no começo da aventura digital do Mapeamento Mental.

LEIS DA ROBÓTICA VERSUS LEIS DO MAPEAMENTO MENTAL

Em 1950, o autor de ficção científica norte-americano Isaac Asimov publicou uma reveladora coletânea de contos chamada *Eu, Robô*. No conto "Andando em Círculos", ele introduziu as "Três Leis da Robótica": 1. Um robô não pode ferir um ser humano nem, por inação, permitir que um ser humano seja prejudicado; 2. Um robô deve obedecer às ordens que lhe são dadas por seres humanos, exceto nos casos em que tais ordens entrem em conflito com a Primeira Lei. 3. Um robô deve proteger a própria existência, desde que tal proteção não entre em conflito com a Primeira e a Segunda Leis.

Hoje em dia, certas pessoas dizem que chegamos a um ponto em que temos de realmente aprovar leis que regulem a robótica – inventarmos um conjunto de Dez Mandamentos para a IA, por assim dizer. À primeira vista, esses temores são justificados: em junho de 2017, Ahmed Elgammal, Bingchen Liu, Mohamed Elhoseiny e Marian Mazzone – pesquisadores do Laboratório de Arte e Inteligência Artificial da Universidade

Rutgers – publicaram um artigo no qual comunicavam descobertas que nos fazem pensar. A equipe conduzira um experimento em que um novo sistema computacional gerava obras de arte completamente novas. Essas peças foram então expostas na Art Basel de 2016 – e muitos espectadores preferiram-nas às obras de arte humanas expostas na mesma mostra!

Pode até ser, mas acredito que ainda vai demorar muito para que boa parte do estardalhaço que se faz em torno da IA vire realidade. Tendo mais a concordar com as observações do professor Gary Marcus, psicólogo experimental norte-americano cujo trabalho gira em torno da linguagem, da biologia e da mente. Num artigo escrito para o *The New York Times* intitulado "Artificial Intelligence in Stuck. Here's How to Move It Forward" [A Inteligência Artificial Está Empacada. Eis Aqui como Fazê-la Ir em Frente], 29 de julho de 2017, ele observa que os sistemas de IA não funcionam a contento no mundo real e afirma que precisamos desenvolver um novo paradigma, em que os conhecimentos "de cima para baixo" e "de baixo para cima" sejam colocados no mesmo nível hierárquico. Ele define o conhecimento de baixo para cima como o tipo de informação bruta que recebemos através dos sentidos, ao passo que o conhecimento de cima para baixo compreende nossos modelos cognitivos de como o mundo funciona. A IA atual funciona sobretudo a partir do conhecimento de cima para baixo, não dos estímulos sensoriais. Marcus argumenta que ambas as formas de conhecimento precisam ser integradas para que os sistemas de IA sejam algo mais que receptáculos passivos de informação. Hoje em dia, os computadores não sabem o que estão fazendo; falta-lhes a verdadeira consciência, e por isso sua capacidade não pode ser maior que a habilidade de seus programadores. Enquanto escrevo estas linhas, os computadores ainda não têm consciência cognitiva.

Eu disse anteriormente que tenho curiosidade de saber o que o futuro reserva para os Mapas Mentais. Ao passo que muitos pensam que o mundo será feito refém pela ascensão inexorável da IA (pense nos filmes da série *O Exterminador do Futuro*), ainda não me convenci de que os robôs são capazes de se aproximar da bela complexidade orgânica do cérebro humano. Já desenvolvemos um excelente *software* de Mapeamento Mental que pode ser usado para elaborar apresentações incríveis, mas ainda nos falta desenvolver uma IA que seja capaz de elaborar Mapas Mentais por si mesma, usando a associação e a imaginação de forma significativa – quanto mais para estar consciente do fato de estar fazendo isso. Hoje em dia, até aos mais avançados robôs falta a capacidade de tomar decisões. Além disso, eles tendem a cair de cara no chão quando não veem um degrau de escada.

Em vez de criar novas leis da robótica, eu gostaria de assistir ao desenvolvimento de uma IA que seja capaz de dominar conscientemente as Leis do Mapeamento Mental, pois acredito que isso sim é algo que representaria um verdadeiro desafio e, quando alcançado, uma realização incrível. Como vimos, por meio do uso da imaginação, da lógica, da associação e da interpretação individual do mundo, as Leis do Mapeamento Mental estão inextricavelmente ligadas aos princípios fundamentais do pensamento. Ao passo que obtivemos um avanço significativo com o iMindMap e continuaremos caminhando de vitória em vitória, ainda não conheci um robô que seja capaz de criar um Mapa Mental sem receber informações de um ser humano.

Acredito sinceramente que a capacidade de fazer um Mapa Mental seria a prova definitiva da inteligência de um ser robótico.

UMA CONVERSA ESTIMULANTE

Minhas conversas com o polonês Marek Kasperski, mestre de Mapeamento Mental, sempre me deixam sentindo-me inspirado e animado com as possibilidades dessa extraordinária ferramenta mental. Há pouco tempo conversamos sobre o Mapeamento Mental digital e IA, e Marek revelou algo que me surpreendeu.

"Quando conheci o iMindMap, gostei muito, mas, para falar a verdade, achei que faltava alguma coisa", confessou ele. "Os princípios são ótimos, mas o *software* de Mapeamento Mental, por si só, é bidimensional – extremamente plano. No nosso mundo não há quase nada bidimensional; tudo é tridimensional."

Eu entendi o que ele queria dizer.

Marek continuou: "Comecei a pensar num tema central que fosse como ter nas mãos o cérebro de uma pessoa. É algo tridimensional: posso girá-lo e vê-lo de todos os ângulos possíveis. Depois imaginei as ramificações dos temas principais brotando dele como gavinhas. Não de modo bidimensional, como num mapa do iMindMap, mas tridimensional. Assim, eu adoraria ver um programa de computador que fosse em 3D, para que pudéssemos girar o Mapa Mental. Seria como erupções solares saindo do sol. Elas não avançam somente numa direção; aproximam-se de nós e também se afastam de nós. Se pudéssemos girar o desenho, veríamos um belo Mapa Mental em 3D – como o jogo de xadrez tridimensional que Spock joga em *Jornada nas Estrelas*".

Ele partilhou comigo, então, seus pensamentos sobre os benefícios de desenvolver-se um *software* que elaborasse Mapas Mentais em 3D. O *software* poderia ser usado numa tela ou *tablet* e girado com o dedo, ajudando-nos a compreender o potencial espacial do Mapa Mental, com ramificações irradiando-se ao redor do centro numa esfera de 360 graus.

Estamos agora em pleno processo de desenvolvimento de um *software* iMindMap em 3D – e as possibilidades são ilimitadas.

A própria IA é às vezes entendida como um complexo jogo numérico – que, admito, envolve números imensamente grandes. Mesmo algo aparentemente simples, como um jogo de xadrez, pode envolver um número de jogadas que chega a 10 elevado à 70ª potência (ou seja, 10 com mais 70 zeros), e é por isso que foram necessárias décadas e bilhões de dólares para que a IBM desenvolvesse um supercomputador chamado Deep Blue que fosse capaz de ganhar do então campeão mundial Garry Kasparov, em 1997.

Outro desafio para a IA assumiu a forma do jogo estratégico de tabuleiro chamado Go. Muitos especialistas em robótica acreditavam que a IA não seria capaz de dominar o Go, pois o número de jogadas possíveis nesse caso é de 10 elevado à 170ª potência. No entanto, o britânico Demis Hassabis, pesquisador especializado em IA, estava determinado a resolver o problema. Além de ser pesquisador, neurocientista e *designer* de jogos de computador, ele faz Mapas Mentais e ganhou duas vezes o Decamentathlon (Decatlo Mental), um evento multidisciplinar de esportes da mente. É também cofundador da DeepMind, uma empresa dedicada ao avanço das tecnologias de IA. E embora tenha demorado, a DeepMind conseguiu, com o apoio da gigante da internet Google, desenvolver um programa de IA chamado AlphaGo que, em 2014, foi capaz de ganhar de um campeão de Go de classe mundial.

Pelo fato de a IA ter ganhado dos dois principais atletas do campo dos esportes da mente, há quem acredite que ela esteja perto de nos ultrapassar. Mas vamos pensar um pouquinho nesses jogos numéricos. Um Mapa Mental irradia ramificações (IOBs) a partir de seu centro. De cada ramificação nascem outras ramificações, e de cada uma dessas outras ramificações podem aparecer outras... A questão é: teoricamente, quantas ramificações poderiam nascer de uma única ramificação? A resposta, naturalmente, é: infinitas. Mesmo em duas dimensões, o alcance potencial de um Mapa Mental é incalculável.

Por isso, em vez de desenvolvermos um *software* de Mapeamento Mental, poderíamos virar o jogo. Em vez de usar tecnologias digitais para ampliar os parâmetros do Mapeamento Mental, este poderia proporcionar um meio de ampliar os limites da própria IA.

Durante minha conversa com Marek, revelei-lhe minha visão para o futuro do Mapeamento Mental, que envolve a criação de um prêmio de muitos milhões de dólares para *softwares* de IA, do mesmo modo como já houve prêmios para o desenvolvimento da IA nos campos de esportes mentais como o xadrez.

Patrocinado por pioneiros da IA – do mesmo modo pelo qual o Deep Blue foi criado pela IBM e a DeepMind foi apoiada pelo Google –, esse prêmio seria entregue ao primeiro programa de IA ou supercomputador que seguisse as Leis do Mapeamento Mental para criar um Mapa Mental gerado por ele próprio. Além disso, o programa seria capaz de reproduzir o modo pelo qual os seres humanos dominam e aplicam de maneira prática o Mapeamento Mental. Este programa pioneiro poderia:

- **Criar centenas de Mapas Mentais de diferentes formas, usando diferentes imagens.**
- **Compreender o Mapa Mental por ele gerado.**
- **Demonstrar-se capaz de pensar.**
- **Comunicar as ideias capturadas no Mapa Mental, expressando-o em diferentes línguas ou usando outras palavras que direcionam a inteligência do ouvinte para o mesmo objetivo, assim como um ser humano que faz Mapas Mentais é capaz de comunicar as informações contidas num Mapa Mental.**
- **Expressar as ideias contidas no Mapa Mental traduzindo-as numa obra de artes visuais, escultura ou música, assim como os seres humanos são capazes de usar os Mapas Mentais para inspirar suas realizações criativas.**

Ao ouvir isso, Marek sorriu e me lembrou que, neste estágio da história da IA, mesmo um robô supostamente sofisticado é antes de qualquer coisa um aparelho que imita outras coisas de tal modo que nos convence de que está pensando, mas na verdade não está. É apenas uma unidade que processa números binários: uns e zeros, "sim" ou "não", isto ou aquilo. Mas não pensa: reage e calcula apenas, mas não pensa. Além disso, também não sente.

Concordei com as observações de Marek e observei que, depois de perder para Deep Blue, Garry Kasparov comentou que, em vez de sentir-se decepcionado com o resultado, sentia-se ainda mais triste pelo fato de a pobre máquina haver ganhado do maior jogador de xadrez do mundo, mas não ter a menor ideia do que estava fazendo. Nem sequer sabia que havia ganhado.

Além disso, não poderia fazer o que ele, o campeão mundial de xadrez, faria daí a pouco: Deep Blue jamais apreciaria uma boa refeição, jamais ouviria o ambiente ao seu redor, jamais riria, choraria nem apreciaria as memórias do passado. Não seria sequer capaz de se lembrar de todas as jogadas da partida. Ao contrário de Kasparov, não havia vivido cada milissegundo do jogo.

Por ora, parece que um elemento humano continuará sendo um componente essencial do Mapeamento Mental no futuro previsível. Porém, se o Mapeamento Mental pudesse ser utilizado no desenvolvimento prático da IA – como meio de ampliá-la, desafiá-la e fazê-la crescer –, imagine o quanto isso seria maravilhoso. E, se o Mapeamento Mental é capaz de fazer isso pela IA, imagine o quanto não pode fazer para ajudar você a melhorar sua vida. Como ser humano, você é um supercomputador biológico e seu potencial é ilimitado.

Seu futuro

Quando meu livro *Use Your Head* foi publicado pela BBC, fui chamado ao escritório da editora. Meu editor me cumprimentou com um sorriso envergonhado: "Tenho algo a lhe confessar: seu livro é o que mais rapidamente desaparece das nossas prateleiras. Além de vender aos montes, os exemplares somem de maneira inexplicável assim que chegam do depósito!".

Dei risada. Adorei a ideia de meus livros "sumirem" e de seus exemplares serem levados para casa pelo pessoal da própria editora, que estava ansioso para aprender a usar a cabeça e aumentar o poder do cérebro.

No decorrer dos anos, porém, houve outras pessoas que se apropriaram indevidamente dos Mapas Mentais de modo não tão benigno. Às vezes, assistir ao mau uso e à má interpretação que se faz do Mapa Mental me dá a sensação de estar viajando numa carruagem assaltada por um bandoleiro e ver um tesouro precioso ser levado embora e enterrado no meio de uma floresta, onde não poderá beneficiar ninguém.

Minha preocupação primordial – e uma das motivações que tive para escrever este livro – é garantir que a integridade dessa maravilhosa ferramenta mental não seja nem perdida nem comprometida, e que ela continue ajudando milhões de pessoas pelo mundo afora, agora e no futuro. Tendo dedicado toda a minha vida adulta a ensinar e partilhar o Mapeamento Mental, meu desejo é que *Dominando a Técnica dos Mapas Mentais* possa mostrar a todos o que é de fato o Mapa Mental, o quanto ele é evoluído e como pode nos ajudar individualmente; e que possa reforçar o fato de as Leis terem um propósito e uma razão de ser, por serem elementos inalienáveis do bom pensamento.

Quaisquer que sejam as suas circunstâncias de vida, os desafios que você enfrenta, suas esperanças e ambições, você encontrará neste livro técnicas e ideias que o capacitarão a ser um verdadeiro mestre dos Mapas Mentais. Acredito sinceramente que, uma vez que você tenha feito os exercícios propostos no livro e dominado a arte do Mapeamento Mental, estará já bem próximo de dominar a própria arte de viver.

Embarque agora mesmo no próximo estágio da sua aventura de Mapeamento Mental: faça um Mapa Mental chamado "Mude a Sua Vida". Nesse Mapa Mental, aplique todas as habilidades que você adquiriu até aqui para projetar seu olhar para além das circunstâncias atuais, para dar nome e forma a seus sonhos e para descobrir novas e empolgantes maneiras de realizá-los. Quando começar, sei que nada poderá fazê-lo parar...

Tudo o que me resta agora é desejar-lhe sucesso e felicidade, usando a ferramenta mental mais potente do mundo para ajudá-lo.

Bem-vindo à família global do Mapeamento Mental!

Recursos

Tony Buzan – O inventor do Mapeamento Mental

www.tonybuzan.com

Bem-vindo ao mundo de Tony Buzan. Tony Buzan é o inventor dos Mapas Mentais – a "ferramenta mental" mais poderosa de nossa época. Saiba mais sobre o próprio Tony, sobre o poder transformador do Mapeamento Mental, sobre a memória e sobre leitura dinâmica, entre outras coisas muito úteis.

iMindMap

www.imindmap.com

O iMindMap é o primeiro *software* de Mapeamento Mental, *brainstorming* e planejamento de projetos. Habilita você a trabalhar criativamente com cinco modos de visualização diferentes, entre os quais os de Captura Rápida, *Brainstorm*, Mapa Mental, e Mapa do Tempo, que ajudam a capturar, organizar, desenvolver, implementar e lançar suas ideias. O *software* é usado por muitas das principais organizações do mundo, entre as quais a Disney, a NASA, a BBC, a Intel e a Microsoft.

Campeonato Mundial de Memória

www.worldmemorychampionships.com

Fundada por Tony Buzan e Raymond Keen OBE em 1991, quando foi realizado o primeiro Campeonato Mundial de Memória, esta estrutura de competição permitiu a realização de vários campeonatos internacionais no campo dos esportes da memória. Baseia-se nas dez disciplinas da memória.

Conselho Mundial de Mapeamento Mental

www.worldmindmappingcouncil.com

Fundado por Phil Chambers e Tony Buzan, o Conselho Mundial de Mapeamento Mental é dedicado à promoção do ensino do Mapeamento Mental em todo o mundo e à promoção da causa da alfabetização global.

REFERÊNCIAS

Collins, Allan M. e M. Ross Quillian. "Retrieval Time From Semantic Memory". *in Journal of Verbal Learning and Verbal Behavior*, Elsevier, volume 8, 1969.

Elgammal, Ahmed, Bingchen Liu, Mohamed Elhoseiny e Marian Mazzone. "CAN: Creative Adversarial Networks, Generating 'Art' by Learning About Styles and Deviating from Style Norms", (disponível *on-line*), junho de 2017.

Farrand, Paul, Fearzana Hussain e Enid Hennessy. "The Efficacy of the 'Mind Map' Study Technique", (disponível *on-line*), 2002.

Haber, Ralph. "How We Remember What We See". *Scientific American*, maio de 1970.

Huba, George. *Mind Mapping, Cognitive Impairment, and Dementia (Huba's Bolero)*, (disponível *on-line*), 2015.

Marcus, Gary. "Artificial Intelligence is Stuck. Here's How to Move It Forward". *The New York Times*, 29 de julho de 2017.

Restorff, Hedwig von. "The Effects of Field Formation in the Trace Field", 1933.

Toi, H. "Research on How Mind Map Improves Memory", artigo apresentado na Conferência Internacional sobre o Pensamento, Kuala Lumpur, 2009.

Índice remissivo

Nota: os números de página em **negrito** *referem-se às informações contidas em legendas.*

Agradecimentos

O editor gostaria de agradecer a Sue Lascelles por sua preciosa assistência na criação deste livro.

O editor gostaria de agradecer aos seguintes especialistas em Mapeamento Mental e aos seguintes bancos de imagens por nos permitirem reproduzir seu material. Tomamos todos os cuidados para identificar os detentores dos direitos de autoria e reprodução. Caso tenhamos omitido alguém, desde já pedimos desculpas e, caso sejamos informados, faremos as devidas correções em qualquer edição futura. Os direitos referentes a todos os Mapas Mentais pertencem a seus criadores, listados abaixo:

Página 26 Shutterstock; página 36 Shutterstock; página 37 Shutterstock; página 42 Shutterstock; página 43 (em cima) Shutterstock; página 43 (embaixo) Shutterstock; página 44 Shutterstock; página 45 (embaixo) Alamy; página 51 Shutterstock; página 126 Shutterstock; página 127 Shutterstock; página 128 (em cima) Shutterstock; página 128 (embaixo) Shutterstock; página 129 Shutterstock; página 105 Mapa Mental de Marek Kasperski; página 113 Mapa Mental de Phil Chambers; página 132 Mapa Mental de Richard Lin; página 158 Mapa Mental de Dominic O'Brien; página 173 Mapa Mental de Maneesh Dutt; página 174 Manahel Thabet; página 175 Manahel Thabet; página 178 Mapa Mental de Raymond Keene; página 193 Mapa Mental de Liu Yan

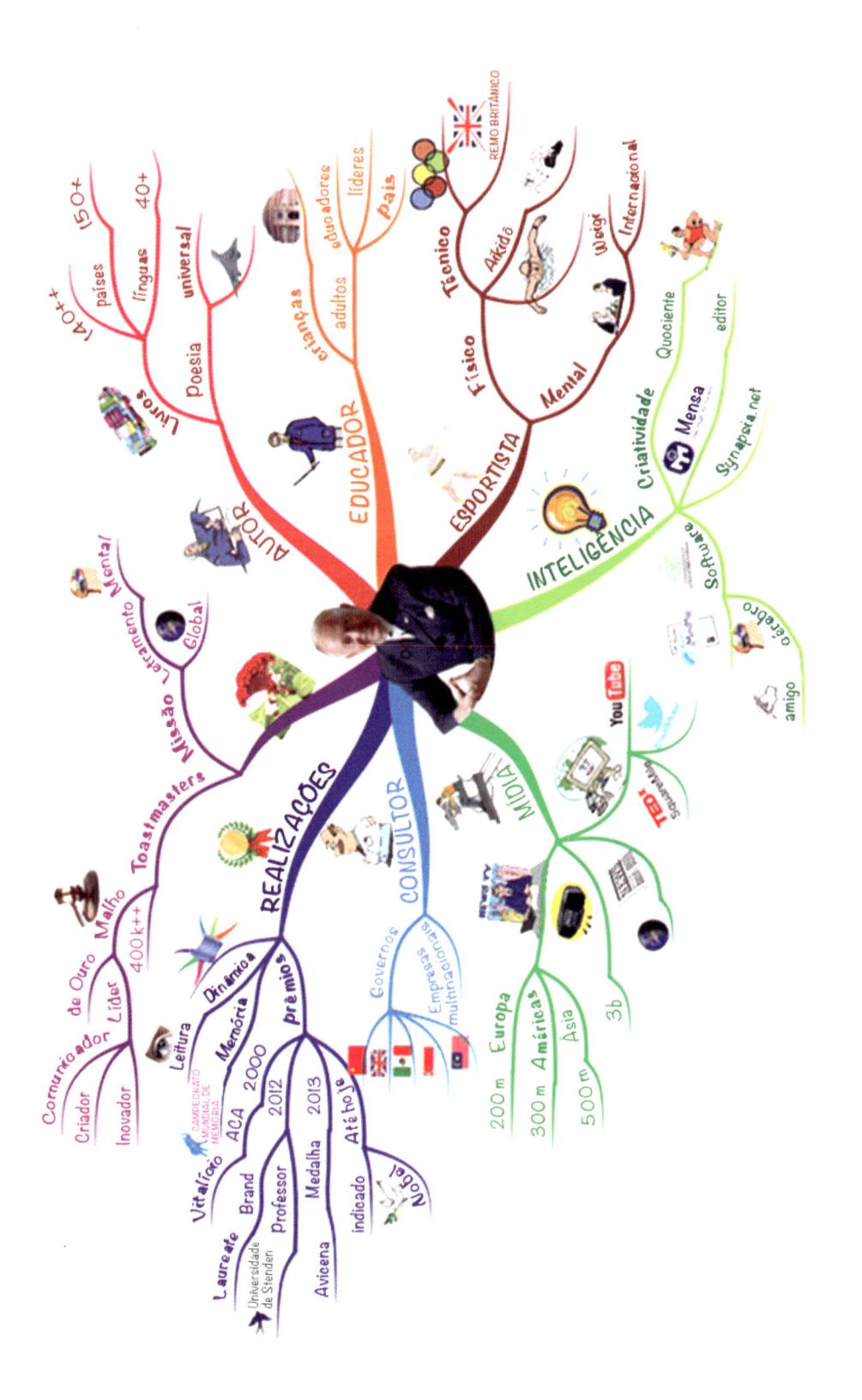